W0271852

La parentalité accompagnée

Collection 1001 BB
dirigée par Patrick Ben Soussan

Des bébés en mouvement, des bébés naissant à la pensée, des bébés bien portés, bien portants, compétents, des bébés malades, des bébés handicapés, des bébés morts, remplacés, des bébés violentés, agressés, exilés, des bébés observés, des bébés d'ici ou d'ailleurs, carencés ou éveillés culturellement, des bébés placés, abandonnés, adoptés ou avec d'autres bébés, des bébés et leurs parents, les parents de leurs parents, dans tous ces liens transgénérationnels qui se tissent, des bébés et leur fratrie, des bébés imaginaires aux bébés merveilleux…

Voici les mille et un bébés que nous vous invitons à retrouver dans les ouvrages de cette collection, tout entière consacrée au bébé, dans sa famille et ses différents lieux d'accueil et de soins. Une collection ouverte à toutes les disciplines et à tous les courants de pensée, constituée de petits livres – dans leur pagination, leur taille et leur prix – qui ont de grandes ambitions : celle en tout cas de proposer des textes d'auteurs, reconnus ou à découvrir, écrits dans un langage clair et partageable, qui nous diront, à leur façon, singulière, ce monde magique et déroutant de la petite enfance et leur rencontre, unique, avec les tout-petits.

Mille et un bébés pour une collection qui, nous l'espérons, vous donnera envie de penser, de rêver, de chercher, de comprendre, d'aimer.

Le catalogue de la collection comportant un index des auteurs, des titres et des thèmes abordés est disponible gratuitement chez l'éditeur :

Éditions érès, 11 rue des Alouettes, 31520 Ramonville Saint-Agne

tél. 05 61 75 15 76, fax. 05 61 73 52 89

e.mail : eres@edition-eres.com

www.edition-eres.com

La parentalité accompagnée

Sous la direction de Patrick Mauvais
avec
Micheline Blazy
Monique Casini
Isabelle Deligne
Dominique Lardière
Sylvie Mugnier
Jocelyne Roux-Levrat
Nicole Simon Bogaers

1001 BB - Les bébés et la culture

érès

DÉJÀ PARUS
dans la rubrique « Du côté des parents »
de la collection 1001 BB

La grossesse est un rêve
La parentalité exposée
Parents, professionnels, comment éduquer ensemble un petit enfant
La mère, le bébé, le travail
Dans la famille… Je demande le mère
Allaitement maternel et proximité mère-bébé
Le baby-blues n'existe pas
Accompagner
Filiations à l'épreuve
Les troubles psychiques précoces du post-partum
Devenir parent en exil
Psychose et parentalité
Transmettre la vie

Conception de la couverture :
Corinne Dreyfuss
Réalisation :
Anne Hébert

ISBN : 978-2-7492-0929-6
ME - 2000
© Éditions érès 2008 (1re édition 2004)
11 rue des Alouettes, 31520 Ramonville Saint-Agne
e.mail : eres@edition-eres.com
www.edition-eres.com

Aux termes du Code de la propriété intellectuelle, toute reproduction ou représentation, intégrale ou partielle de la présente publication, faite par quelque procédé que ce soit (reprographie, microfilmage, scannérisation, numérisation…) sans le consentement de l'auteur ou de ses ayants droit ou ayants cause est illicite et constitue une contrefaçon sanctionnée par les articles L 335-2 et suivants du Code de la propriété intellectuelle.
L'autorisation d'effectuer des reproductions par reprographie doit être obtenue auprès du Centre français d'exploitation du droit de copie (CFC), 20, rue des Grands-Augustins, 75006 Paris, tél. : 01 44 07 47 70 / Fax : 01 46 34 67 19

Patrick Mauvais

Avant-propos

Il n'est guère aujourd'hui d'équipes de professionnels de l'enfance qui ne comptent ou ne revendiquent « l'accompagnement de la parentalité » au nombre de leurs principaux objectifs. L'expression est désormais consacrée, traduisant une nécessité évidente pour tous, elle-même liée à d'importants enjeux de société. Mais elle recouvre sans doute une pluralité de pratiques, tant du point de vue de leurs lieux d'exercice que des conceptions et des principes qui les sous-tendent.

Les textes qui composent cet ouvrage consacré à l'accompagnement des relations entre parents et enfants témoignent d'expériences variées, conduites par des professionnels de formations différentes, dans des champs institutionnels divers. Dominique Lardière est pédiatre et présente son travail en consultation de PMI. Nicole Simon, psychologue, nous parle de son activité au sein d'un lieu d'accueil parents-enfants. Micheline Blazy, gynécologue-obstétricienne, médecin-chef d'un service de soins en périnatalité, décline les différentes

---

Patrick Mauvais, psychologue clinicien, formateur à l'association Pikler Lóczy de France.

modalités de l'accompagnement des premiers liens entre mères et bébés, en s'attachant à montrer l'évolution des outils dont s'est dotée l'équipe pour mener cette tâche à bien.

Chacune émaille son propos d'illustrations cliniques précises qui rendent tangibles ses positionnements et modes d'intervention dans les situations concrètes qu'elle rencontre. Jocelyne Roux-Levrat et Monique Casini sont toutes les deux psychologues, l'une en CAMSP, l'autre en pouponnière ; de même que Sylvie Mugnier, psychologue en pouponnière, qui introduit leurs textes. Toutes les trois ont participé, dans le cadre de l'association Pikler Lóczy de France, à un groupe de travail qui a nourri leurs élaborations et soutenu le projet rédactionnel. Jocelyne Roux-Levrat rend compte d'un suivi de longue durée réalisé auprès d'un jeune enfant handicapé et de sa mère. Monique Casini présente de façon longitudinale l'accompagnement des rencontres entre une enfant accueillie à la pouponnière et sa mère.

Ce qui donne sens à la présentation conjointe de ces différentes expériences, c'est non seulement la proximité des objectifs, mais c'est aussi et surtout une communauté d'approches et d'inspirations. Parmi les références sur lesquelles s'appuient les auteurs, le regard d'Emmi Pikler sur l'enfant occupe une place importante et contribue à orienter les attitudes. Le cœur de la pensée de Pikler, en effet, c'est à la fois le souci constant d'assurer, dans les moindres détails, confort, sécurité et bien-être de l'enfant, et la confiance profonde – si souvent dérangeante quant à ses implications concrètes – dans ses forces de croissance et de développement : confiance en ses capacités de se saisir, par lui-même et à son rythme, de l'attention qui lui est manifestée, proche ou plus à distance, des

« bons soins » auxquels celle-ci donne lieu et de l'environnement facilitateur qu'elle permet d'organiser pour lui ; en son aptitude à mobiliser ses potentialités et ressources propres dans la conquête du monde et la consolidation de ses compétences.

Plusieurs des exemples cliniques présentés témoignent des effets de cette attention et de cette confiance. Celles-ci supposent que du champ ait été pris avec nos attitudes habituelles, reposant si souvent sur la peur, la crainte, l'idée implicite que l'enfant a besoin, pour réaliser ses apprentissages, de la présence immédiate de l'adulte à ses côtés et que le rôle de celui-ci consiste principalement en une somme d'interventions visant à stimuler, montrer, « instruire », en même temps qu'à limiter ou empêcher, sur les registres du faire faire si ce n'est du faire à la place de, de l'exhortation insistante, de la mise en garde, de l'injonction répétitive ou de l'interdiction… Cette approche de l'enfant et de son développement a son pendant pour ce qui a trait à l'accompagnement de la parentalité.

Le travail spécifique, rigoureux et très précisément codifié, accompli par Emmi Pikler dans les années 1930 auprès de très jeunes enfants et de leurs familles, ne constitue pas aux yeux des cliniciens qui s'expriment dans cet ouvrage un modèle qu'il s'agirait de reproduire à l'identique. Aucun d'eux, d'ailleurs, ne serait en position de le faire. Pourtant, l'état d'esprit que reflètent ces pages demeure fondamentalement le même. C'est en effet cette même attention conjointe réunissant parents et professionnels auprès de l'enfant dont la fécondité se trouve ici mise en lumière et qui se révèle souvent plus efficiente que les préconisations, conseils ou recommandations.

En divers moments, le lecteur pourra noter les proximités entre processus de développement de l'enfant et processus de parentalisation. Il pourra percevoir comment les parents, eux aussi, parfois en dépit de difficultés liées soit à leurs troubles psychiques, soit au handicap de l'enfant lui-même, s'appuient à la fois sur l'écoute et l'attention des professionnels à leur égard, sources d'une véritable coopération, ainsi que sur le respect et la confiance de ceux-ci en leurs compétences, actuelles ou à venir ; comment, dans une large mesure, ils parviennent à se saisir de cette coprésence auprès de leur enfant et de ce regard partagé pour reconnaître avec émotion et fierté ses capacités et veiller ainsi davantage à réunir les conditions favorables à leur expression. Ce qui n'exclut pas, dans certains cas, l'intervention du professionnel sur un autre registre plus indicatif, visant à attirer l'attention du parent, voire à suggérer, à orienter plus directement son attitude lorsqu'il ne perçoit pas certains signaux importants de l'enfant et que la protection de celui-ci rend cette intervention nécessaire.

C'est dans cette indispensable modulation des attitudes, en fonction non pas des émotions et mouvements identificatoires immédiats suscités par la situation et par les comportements dont le professionnel est témoin – mouvements souvent unilatéraux et peu susceptibles de servir la relation entre la mère et l'enfant – mais des besoins qui s'expriment successivement chez l'un et l'autre, que résident l'intérêt et la complexité de ce travail.

Chacun des coauteurs s'est efforcé de formuler ce qui le relie, dans sa réflexion et dans ses attitudes, à cette inspiration commune, tout en spécifiant comment il trouve à la traduire selon le contexte particulier dans lequel il intervient.

Un plus long préambule serait donc inutile. Place aux auteurs et à leurs textes, et bonne lecture !

Dominique Lardière

Un pédiatre en consultation : l'influence d'Emmi Pikler dans la rencontre avec un bébé et ses parents

Il y a plus de soixante ans qu'Emmi Pikler découvrit le nourrisson compétent et, qu'en sa qualité de pédiatre, en Hongrie, elle partagea ses connaissances du bébé avec les parents. Comment ses découvertes sur les ressources de l'enfant et son travail auprès des parents pour les amener à « favoriser, à suivre avec attention l'épanouissement des capacités innées et généralement ignorées de leur nourrisson [1] » peuvent-elles des années plus tard inspirer le travail d'un pédiatre en France ?

Dominique Lardière, pédiatre en PMI.

1. Anna Tardos, « L'observation du bébé dans l'approche d'Emmi Pikler », dans M. Dugnat (sous la direction de), *Observer un bébé avec attention ?*, Toulouse, érès, 2001.

Lorsque cette question m'a été posée, j'ai d'abord tenté de démêler les différentes influences qui m'ont conduite à cette manière d'accueillir, d'approcher, de soutenir parents et enfant en consultation.

À la réflexion, j'ai retrouvé les apports de la pédopsychiatrie qui ont permis à la jeune pédiatre que j'étais alors de mieux comprendre ce que je ressentais au contact de mes propres enfants : le bébé est une personne, dotée d'une énergie vitale, capable de développer des compétences, un élan vers l'autre, de manifester une sensibilité aux gestes, à la voix de ses parents, de réagir à leurs états émotionnels. Un être de langage, corps et esprit étroitement mêlés, qui manifeste son bien-être ou son mal-être à travers ses attitudes corporelles, sa bonne ou sa mauvaise santé, sa manière d'entrer en relation. Un être inscrit dans le désir, dans l'histoire de ses parents, de sa famille.

Plus tard, j'ai eu la chance de pouvoir participer au comité de pilotage de l'Opération pouponnières. Grâce à ce travail de réflexion sur les conditions de vie d'un tout-petit en collectivité, j'ai compris l'importance d'observer les bébés et j'ai pu me former à l'observation selon l'approche d'Emmi Pikler. En outre, dans le service où je travaille, nous avons bénéficié, médecins et puéricultrices encadrantes, d'une formation interne sur l'utilisation de l'observation dans notre travail d'équipe de PMI assurée également par l'association Pikler Lóczy.

Nous étions parallèlement nourris du travail de réflexion sur la parentalité animé par Didier Houzel et de tous les apports sur la bientraitance largement initiés par les personnes-ressources de l'Opération pouponnières : Geneviève Appell, Danielle Rapoport, Marie-Jeanne Reichen.

Enfin, j'ai été associée à un groupe de travail sur l'accueil familial animé par Myriam David, lequel a donné lieu à la parution du livre *Enfant, parents, familles d'accueil : un dispositif de soin, l'accueil familial permanent.*

Ainsi peu à peu, grâce à ces différentes influences, j'ai, comme bien d'autres médecins, et bien longtemps après Emmi Pikler, réalisé une véritable révolution culturelle : ne plus raisonner uniquement en termes de diagnostic, comme on nous l'enseigne à la faculté de médecine, mais également en termes de soin et de soutien, c'est-à-dire être à même de prendre en compte aussi bien les ressources que les manques, ce qui va bien comme ce qui va mal, chez l'enfant et chez ses parents. Raisonner en termes de soutien, c'est aussi pouvoir partager avec les parents la confiance dans le développement de leur enfant, les rassurer dans leurs capacités et leur permettre de découvrir leurs propres ressources.

Alors c'est cela que ce texte va retracer : la manière dont j'ai tricoté ces connaissances, cette pratique clinique et toutes ces expériences de relations humaines, chaleureuses, tolérantes entre parents, enfants et professionnels que j'ai pu observer dans les différentes équipes auxquelles j'ai appartenu. Le témoignage qui suit est issu d'une pratique de pédiatre de PMI, c'est-à-dire d'une pédiatrie généraliste ouverte à toutes les familles d'un quartier.

Qu'est-ce qui, de mon point de vue, dans ces manières de faire et d'être d'un pédiatre pourrait être inspiré de la pensée originale d'Emmi Pikler ?

« Je ne cesse de constater encore aujourd'hui que l'attitude de l'adulte envers le nourrisson connaît une évolution bien souvent sous l'effet de la révélation touchant à la capacité du nourrisson à agir de manière autonome, c'est-à-dire lorsque le parent ressent, perçoit pour la première fois le merveilleux de la manifestation de l'intérêt porté par le nourrisson à sa propre main, au son de sa propre voix, la magie de la première fois où le nourrisson se retourne sur le côté de sa propre initiative. Sous l'effet de ces révélations, le parent considère de plus en plus son nourrisson comme une personne active, autonome et capable de coopération ; et cela pendant qu'il prend soin de lui, l'habille, le change, lui donne à manger. Cette évolution se manifeste dans la délicatesse des gestes, de la voix, dans l'attention réciproque, dans la qualité de l'interaction, dans la capacité du parent à se régler sur le besoin du nourrisson [2]. »

En relisant les différents articles qui parlent du travail d'Emmi Pikler, et notamment celui d'Anna Tardos qui souligne les spécificités de son approche, il m'a semblé que l'on pouvait se relier sur quatre points importants : le respect de l'enfant et de ses parents, une attention au développement global de l'enfant qui inclut le bien-être corporel et la santé, l'importance d'observer les enfants pour les connaître,

2. Anna Tardos, *op. cit.*

l'importance aussi de la continuité de l'accompagnement médical (l'enfant se développe vite et les questions qui se posent sont très différentes selon l'âge de l'enfant).

L'attitude empathique respectueuse des parents et de l'enfant

Elle se manifeste de différentes façons : aider l'installation dans la consultation en portant le matériel souvent très encombrant nécessaire avec un tout-petit, l'attention à la fatigue de la mère, l'écoute de ses inquiétudes, de ses peurs de ne pas y arriver.

L'approche de l'enfant, le respect de son refus d'être examiné, les explications, la possibilité de découvrir les instruments qui font peur, la liberté de mouvements pendant le temps de l'examen, les gestes doux, respectueux, les moins contraignants, même pour les actes douloureux comme les vaccinations, le fait de prévenir l'enfant, d'attendre qu'il soit bien installé, le plus détendu possible et qu'il donne par son attitude corporelle une indication sur le fait qu'il est prêt : autant de paramètres qui sont aussi à prendre en considération.

Dans le temps de la consultation, l'attention du pédiatre, son empathie, va de l'un à l'autre, de l'enfant à la mère et au père, en fonction des moments. Nous sommes dans une attitude psychique particulière, une forme de suspension active du jugement, concentrés sur ce qui se dit et se vit dans ce moment particulier de la rencontre.

Le bien-être corporel et la santé

Pour les parents, le premier travail du pédiatre est de confirmer la bonne santé du bébé ou de tenter de la rétablir. En consultation pédiatrique ordinaire, il s'agit d'écouter la mère, le plus souvent, les deux parents, parfois, et d'observer le bébé. « Au début chez le pédiatre [3] », nous dit Nathalie Boige, « sont l'empathie et l'intuition et non des théories apprises ». Ce qu'elle nomme l'intuition, c'est certainement ce que nous ressentons dans la proximité avec le bébé et ses parents. Le plus souvent nous pouvons être détendus, examiner doucement l'enfant, avoir un moment d'interaction avec lui, le regarder, le tenir tout en échangeant tranquillement avec la mère. Mère et bébé sont reliés harmonieusement, nous le percevons très vite à travers la qualité des soins corporels, les moments d'accordage dont nous sommes témoins. Au fil des consultations nous voyons que le bébé s'installe dans des rythmes qui le sécurisent, les repas, les changes, les bains, les moments de jeu, les sorties à l'extérieur, les temps de repos. Pour lui, la vie est à la fois prévisible dans ces grands rythmes et inattendue par les fantaisies de la rencontre avec ses parents et ses proches. Chaque journée n'est ni tout à fait la même ni tout à fait une autre. Peu à peu, l'enfant acquiert dans le jeu une liberté de mouvements qui lui permet de passer d'une position à l'autre avec fluidité. C'est un bel et bon enfant qui vient confirmer à ses parents qu'ils ont des capacités, qu'ils sont compétents. L'intervention du

3. Nathalie Boige, « Le pédiatre face à la souffrance psychique du bébé », dans P. Delion (sous la direction de), *La souffrance psychique du bébé*, Paris, ESF, 2002.

pédiatre est légère, les échanges avec les parents sont simples et concernent tout ce qui fait leur quotidien avec leur enfant. Il s'agit alors de leur donner une forme de validation, d'encouragement, d'accompagner leur relation et de les soutenir dans les moments de tâtonnement qui sont inévitables.

D'autres fois la tâche s'avère plus difficile, le bébé est malade ou son développement n'est pas normal, les parents sont inquiets. Nous sommes dans ce mélange d'éprouvés de souffrance et d'inquiétude. Il faut d'abord répondre au problème somatique, proposer un traitement, adresser en consultation spécialisée. Il faut ensuite soutenir les parents, leur donner suffisamment d'éléments pour qu'ils puissent repartir sécurisés, et, enfin, il faut revoir rapidement l'enfant. Le plus souvent, à la consultation suivante, l'enfant est mieux sur le plan somatique, les parents semblent apaisés.

La maman de Kheira vient me voir un après-midi au milieu d'une consultation très chargée, elle vient chercher un sirop pour faire dormir sa fille. Elle a essayé différentes tisanes qui n'ont pas été efficaces, le pharmacien lui a dit qu'il existait des traitements plus forts mais uniquement sur prescription médicale. Comme je refuse de donner un traitement sans voir Kheira, elle repart très fâchée et revient en fin d'après-midi avec Kheira et son mari. Pendant que je reçois les derniers consultants, la puéricultrice prend le temps de discuter longuement avec les parents. La mère est épuisée : Kheira réclame le sein la nuit toutes les deux heures. Elle suit le ramadan et démarre une nouvelle grossesse. Ils expliquent en détail les difficultés de sommeil et les tentatives pour les faire cesser ; leur colère peu à peu s'estompe. La puéricultrice me transmet tous ces éléments avant la consultation. Kheira est une magnifique petite fille de 9 mois. Elle présente un très bon développement corporel et moteur. Depuis qu'elle est née, sa mère la nourrit à la demande. Dès qu'elle pleure, elle est mise au sein. Est-il possible de ne lui donner le sein que lorsqu'elle a faim et de la consoler tendrement d'une autre manière ? Les parents, originaires d'Afrique du Nord, n'ont pas de famille à Nantes, personne qui pourrait soulager un peu cette maman pour qu'elle se repose. Après avoir examiné l'enfant, j'ai expliqué aux parents que Kheira n'avait pas besoin de sirop pour dormir mais qu'elle devait simplement apprendre progressivement à se consoler autrement qu'au sein de sa mère. J'ai donc proposé que ce soit le père qui se lève la nuit pour permettre à la maman de dormir. Les échanges avec nous ont duré plus d'une heure et pourtant je n'étais pas très rassurée de les laisser ainsi repartir alors que je les sentais si fatigués. C'était la veille du week-end ; dès le lundi j'ai joint la puéricultrice pour prendre des nouvelles. Elle a pu avoir la maman au téléphone : les nuits se passaient mieux, elle nous remerciait beaucoup. Je pense que ce qui a été thérapeutique dans cette histoire, ce sont l'attention et l'écoute dont ces parents ont pu bénéficier de la part de la puéricultrice, ainsi que nos explications à toutes deux sur l'origine des pleurs de Kheira et sur la manière de les apaiser.

Quelquefois, cependant, notre ressenti de souffrance ne cède pas, l'enfant continue de ne pas bien aller. Il est pâle, souvent malade : otites, rhinopharyngites, bronchiolites, eczéma se succèdent. Margaux a 1 mois lorsqu'elle vient en consultation pour la première fois. « Elle pleure tout le temps », dit la mère. Revue neuf jours plus tard, Margaux est traitée pour un reflux gastro-œsophagien. À 2 mois le médecin qui la reçoit la trouve tendue. À 2 mois et demi les problèmes de peau commencent. Je fais sa connaissance alors qu'elle est âgée de 4 mois. Elle va ainsi présenter, à chaque consultation, otite, laryngite, eczéma, gastro-entérite et des troubles du sommeil. La maman montre ses difficultés dans les gestes de maternage, le contact corporel est distant, voire impossible à certains moments. Pour sa mère, Margaux est une enfant difficile, toujours malade, ne faisant pas ses nuits. Nous avons assez rapidement compris que le problème se situait au niveau de leur relation, d'autant que dès que Margaux a été un peu mieux, la maman a souffert d'une sciatique puis de douleurs cervicales. Cette mère ne nous a rien livré de son histoire ni de ce qui empêchait sa relation à sa fille, nous savions seulement que son mari était très soutenant et prenait en charge Margaux. C'est lui qui se levait la nuit, s'occupait des soins corporels. Nous en étions à nous demander comment aider la mère à faire des liens entre leur souffrance corporelle et leur souffrance psychique à toutes deux quand, alors que Margaux avait 11 mois et sortait enfin de cette succession de problèmes somatiques, la mère a rompu avec la consultation. Dix mois plus tard, c'est le père, que nous ne connaissions pas, qui est venu donner des nouvelles. Les parents se sont séparés alors que leur fille avait 13 mois. La maman a pris conscience de ses difficultés relationnelles avec sa fille, elle a entamé un suivi psychologique ; elle va mieux et a accepté que ce soit le père qui ait la garde de Margaux, elle voit sa fille tous les quinze jours.

Je ne sais pas comment cette maman a été aidée, ni ce qui lui a permis de quitter ses défenses et d'entamer ce travail sur elle-même. La naissance de sa fille venait raviver chez elle quelque chose d'oublié, d'impossible à penser. La souffrance de Margaux, nous l'avons identifiée et sans doute un peu contenue, en parlant d'elle, de ses réactions, en interagissant avec elle, en parlant en son nom dans le temps de la pesée et de la consultation. Mais la souffrance de la maman l'avons-nous contenue ?

L'observation partagée de l'enfant

Parfois, lorsque nous percevons des troubles précoces des relations père-mère-bébé, nous pouvons proposer des consultations conjointes pédiatre-psychologue ou pédiatre-pédopsychiatre [4]. La durée de cette consultation, la visite à domicile éventuellement proposée servent à donner le temps qui manque dans les consultations habituelles de PMI pour faire un travail de lien. Ces consultations conjointes permettent que les angoisses soient contenues à deux : les angoisses de mort, les capacités de vie et les tensions psychiques du bébé plutôt par le pédiatre, le retour du passé psychique, la crise d'identité, la dépression des parents plutôt par le psy. Pour illustrer ce travail, et aussi pour faire des liens avec ce qui dans l'intervention du pédiatre est inspiré des découvertes d'Emmi Pikler, je vous propose de partir d'une vignette clinique.

4. Le conseil général de Loire-Atlantique et le CHU de Nantes ont passé une convention qui permet que deux médecins de PMI (pour 30 %), une puéricultrice de PMI (pour 100 %) et une psychologue de l'ASE (pour 50 %) travaillent dans une équipe de pédopsychiatrie.

Diane et Sonia : les effets sur le pédiatre, sur les parents et sur les enfants d'une observation partagée

Diane et Sonia sont des jumelles hétérozygotes conçues par procréation médicalement assistée (il y avait trois embryons, une réduction embryonnaire a été effectuée pour n'en garder que deux). Elles sont nées par césarienne au terme de vingt-huit semaines (six mois de grossesse) en raison de la croissance très insuffisante de Diane. Cette dernière est restée cinq mois et demi à l'hôpital, elle pesait 580 g à la naissance. Sonia, restée trois mois à l'hôpital, pesait 1 000 g.

Les parents demandent à être aidés : Diane présente d'importantes difficultés d'alimentation, ils s'inquiètent de leur relation avec elle après une si longue hospitalisation. Ils se posent aussi des questions sur l'éventuelle jalousie de Sonia après le retour à la maison de Diane. Elle a été « fille unique » pendant deux mois, comment va-t-elle accepter l'arrivée de sa sœur ?

La première consultation a lieu alors qu'elles ont 6 mois et demi, un mois après la sortie de l'hôpital de Diane. La gémellité et la grande prématurité nous ont conduits à proposer une consultation conjointe psychologue-pédiatre. Les difficultés alimentaires de Diane nous amèneront, à la suite de cette première rencontre, à proposer aux parents l'intervention à domicile d'une puéricultrice, pendant les repas, pour les soutenir dans ce moment qu'ils décriront comme pénible pour Diane et sa mère, un peu moins pour le père. Lors de cette consultation où nous faisons connaissance, parlant de la naissance de ses filles, la mère dit : « Sonia je me souviens d'elle ; Diane je n'en ai aucun souvenir », puis à propos du séjour à l'hôpital de Diane : « J'avais très peur, on ne savait pas si elle allait vivre, je n'ai pas pu créer de lien, je n'ai pas réussi à m'accrocher à elle. » Les parents la trouvent différente de Sonia : « Elle est dans son monde, elle boude le biberon, elle parle à sa peluche pas à nous. Deux semaines avant qu'on la récupère, on n'avait droit à rien, pas de sourire, comme si sa vie c'était l'hôpital. » Pour ses parents, Diane est difficile à comprendre. Elle boit par exemple des biberons brûlants, ils trouvent cela étrange. Nous renvoyons l'idée qu'elle a peut-être besoin pour assurer sa continuité de retrouver des sensations connues pendant l'hospitalisation ; le lait brûlant remplace certainement la sensation d'irritation de la sonde de gavage.

Lors de la deuxième consultation, un mois plus tard, les parents installent Diane et Sonia sur le canapé, entre eux deux, comme ils le font à la maison. Elles ont alors 4 mois et demi d'âge corrigé. Sonia supporte à peu près cette position mais Diane, toute recroquevillée sur elle-même, manifeste son inconfort en grognant.

Nous proposons de les installer au sol sur un tapis. La maman nous dit qu'elle les installe parfois ainsi, un temps court, pour jouer avec elles. Le père s'inquiète : « Est-ce que ce n'est pas dangereux d'installer ainsi Sonia sur le dos ? » Elle régurgite souvent et ils l'ont retrouvée une fois ayant vomi dans son lit. La mère va enchaîner sur un rêve : elle avait trois filles, deux vivantes et une morte ; elle est troublée par ce cauchemar et n'en voit pas la signification.

Ils évoquent à nouveau les difficultés relationnelles entre Sonia et Diane : Sonia bouderait, Diane n'aurait pas d'élan vers elle ; ils racontent aussi leurs propres difficultés avec Diane. Ils ne la comprennent pas, elle ne les sollicite pas comme sa sœur ni autant qu'elle. Elle a un drôle de pleur (une corde vocale est paralysée), ce qui renforce l'étrangeté de cette enfant.

Les fillettes sont installées au sol par leurs parents, et nous les observons avec eux sans intervenir. Peuvent-elles jouer seules sous le regard des adultes ? C'est une première expérience pour les parents.

Diane, dos collé au tapis, bras en croix, touche en permanence avec le plat de ses mains le support du tapis, comme si elle avait besoin de s'assurer que le sol la tient. Elle pédale vigoureusement et éprouve beaucoup de plaisir dans ces mouvements des membres inférieurs. Elle semble toute à son activité et ne recherche pas ses parents du regard. Elle nous donne l'impression de profiter de cette liberté de bouger, ce que nous associons, pour les parents, à la longue contention qu'elle a vécue en réanimation. En effet, elle était attachée en position proclive dans sa couveuse.

Sonia, sur le dos, est active, saisit l'objet, le suit des yeux, a des mouvements de rassemblement, soulève les jambes. Elle est prête à se retourner. Elle va, à plusieurs reprises, toucher les pieds de sa sœur et cherche régulièrement le regard de son père et de sa mère. Les parents, témoins des compétences de leurs filles, sont intéressés de découvrir une image d'elles un peu différente de ce qu'ils pensaient. Diane leur devient moins étrange, ses comportements prennent sens – boire le lait brûlant pour retrouver une sensation connue, toucher le sol pour s'assurer qu'il la soutient – mais, à travers ces manifestations corporelles, le rappel du séjour hospitalier leur est pénible. Ils espéraient que le retour à la maison permettrait de tourner la page et se demandent combien de temps encore « elle va rester marquée par l'hôpital ». La mère dira à la consultation suivante : « Alors on ne peut pas occulter le passé », associant sans doute dans cette interrogation sa fille et elle-même.

À domicile, quinze jours plus tard, la puéricultrice trouvera les bébés installés au sol ; la mère a enlevé le portique et disposé des jouets autour d'elles. Elle dira : « Elles font de plus en plus de choses sur le tapis, elles se touchent, se sourient, chaque jour il y a des nouveautés. »

Au fil des mois, les deux fillettes vont pouvoir se mouvoir librement dans le parc et développer leurs capacités motrices. Sous notre regard admiratif, elles ont parcouru à quatre pattes, le mois dernier, le couloir menant de la salle d'attente au bureau de consultation. C'est en les regardant explorer tout l'espace du bureau que les parents ont pensé que ce qu'ils prenaient pour de l'agressivité (de la jalousie) de Sonia vis-à-vis de Diane était peut-être lié à l'espace désormais trop restreint dans le parc.

Ces quelques lignes ne résument pas, bien sûr, tout l'accompagnement de cette famille. Le grand air de la jalousie revient à chaque consultation, pesant sur les relations père-mère-enfants, nous faisant penser que les fantômes du passé, réactivés par l'arrivée des fillettes, viennent jeter le trouble. Mais c'est avec la puéricultrice, lors des visites à domicile, que la mère pourra exprimer sa souffrance après la réduction embryonnaire (lors de la visite qui a suivi la consultation où elle avait évoqué son cauchemar), sa peur de ne pas y arriver avec ses filles, son angoisse de la maladie, et enfin sa mauvaise relation avec sa mère. Après l'été, avec le soutien de son mari, elle demandera une aide pour elle-même et démarrera une psychothérapie.

Reprenons à présent les effets de l'observation (en privilégiant, car c'est l'objet de ce texte, les effets sur le pédiatre) :

– sur ce dernier : il me semble que l'observation m'a permis de faire connaissance avec les deux bébés, de partager l'émerveillement avec les parents – le quatre pattes dans le couloir fut un grand moment ! –, mais aussi de faire une place au bébé dans ce qu'il indique et d'ouvrir sur une vision de l'enfant qui ne serait pas en totale conformité avec ce que disaient les parents. Leur perception d'une Diane étrange, au comportement incompréhensible, a finalement cédé le pas à celle d'une petite fille, certes née très prématurément, ayant beaucoup souffert de sa longue hospitalisation, mais qui, très vite après le retour à domicile, a pu se montrer avide de découvertes, volontaire, infatigable et enfin câline, recherchant la proximité avec ses deux parents. La vision d'une Sonia n'ayant pas d'élan vers sa sœur, jalouse d'elle, ne posant par ailleurs aucun problème à ses parents qui trouvaient la relation avec elle simple, évidente, a laissé la place à celle d'une petite fille discrète dans ses manifestations, très sensible à la présence de sa sœur – qu'elle suit beaucoup dans ses déplacements et dont elle n'est probablement pas totalement différenciée – et qui se manifeste de plus en plus en pleurnichant.

L'observation permet aussi de circonscrire le domaine des conseils, les conseils relationnels pouvant mettre en difficulté les parents ou renforcer leur sentiment de ne pas savoir s'y prendre avec leur enfant. Avec les parents de Sonia et Diane, en partant des manifestations des deux fillettes, observées en consultation ou décrites par les parents, nous avons essayé de réfléchir ensemble sur une façon de faire un peu différente qui pourrait peut-être rendre leurs échanges plus faciles. Par exemple, nous leur avons soumis l'idée d'établir un tour de rôle quand la maman nous a parlé de ses difficultés aux heures du bain et du repas. Dans ces moments-là, pendant qu'elle s'occupe de l'une, l'autre pleure et de ce fait elle s'oblige toujours à aller vite pour ne pas les faire attendre. Elle s'impose aussi, nous dit-elle, de ne jamais prendre deux fois la même en premier pour ne privilégier aucune des deux. Les parents ont été surpris, peut-être même un peu déstabilisés, par notre suggestion basée sur l'idée qu'au contraire leurs filles pourraient mieux profiter de ces moments d'intimité, et mieux s'en remplir, si elles pouvaient anticiper quand ce serait leur tour ;

– sur les parents : ils ont pu se saisir de ce temps de consultation pour penser et faire des liens entre ce que montraient Sonia et Diane avec leur corps et ce qu'elles pouvaient vivre psychiquement. Ils ont pu progressivement s'ajuster à elles en les différenciant et en tentant de se dégager de ce qui, à travers leur histoire, venait peser sur leur relation. Ils ont aussi découvert le plaisir qu'elles trouvaient à bouger, à découvrir, à explorer et ont su trouver la manière d'organiser leur environnement à mesure qu'elles grandissaient. Ils ont partagé avec nous des moments de plaisir, des moments d'émotion où quelque chose soutenait en eux le sentiment d'être des parents suffisamment bons ;

– sur les enfants : Sonia comme Diane nous ont montré qu'elles étaient sensibles à l'attention qu'ensemble nous leur portons à domicile ou en consultation ; cela les renforce dans leurs initiatives, dans leurs capacités à percevoir leurs propres affects et à les réguler.

La continuité

La continuité des consultations permet d'accompagner parents et enfant au rythme du développement du bébé : passer des pleurs des premières semaines à la jubilation pour le bébé de découvrir son corps, l'environnement, sa capacité d'agir sur le monde, de se différencier, de s'autonomiser.

Cette continuité offre aussi l'occasion de donner progressivement aux parents des informations sur la manière dont un enfant se construit. Les parents sont très sensibles à toutes nos explications sur ce qui favorise le développement moteur, intellectuel et le développement de la confiance en soi de leur enfant. En consultation, c'est souvent lorsque nous regardons ensemble le bébé sur une grande table d'examen où il peut bouger, attraper des jeux, que j'évoque cela. Nous abordons la concentration dont les enfants sont capables tout petits s'ils sont dans une position de sécurité, la curiosité dont ils font preuve, les nécessaires moments de rêverie. Les questions viennent alors, le plus souvent, sur la manière dont il est possible d'aménager les choses pour que l'enfant puisse développer son intelligence, sa capacité à jouer seul à proximité de sa mère et en sécurité.

Ces consultations régulières permettent enfin de répondre aux questions des parents sur l'alimentation, le sommeil, les séparations nécessaires en ayant soin de chercher avec eux ce qui leur convient. Finalement, pour le bébé, quelque chose dans cette continuité qui émane de l'extérieur vient renforcer ses efforts pour établir sa propre continuité interne.

Les limites

Tous les parents qui le souhaitent sont accueillis en consultation de PMI. Pour nous, à la différence de la manière de travailler d'Emmi Pikler, il ne paraît pas possible de passer un contrat avec les parents. Ils peuvent venir régulièrement ou non. Bien sûr, c'est beaucoup plus simple si nous les voyons régulièrement, car nous avons alors une bonne connaissance de leur enfant et de son environnement familial, social, culturel. Mais, comme nous allons le voir dans la vignette clinique qui suit, les parents éprouvent parfois la nécessité de voir le pédiatre, une ou deux fois par an, simplement pour confirmer la bonne santé de leur bébé.

Ainsi Samuel, superbe bébé de 1 an : je ne l'ai vu qu'une fois alors qu'il était tout bébé. Les parents viennent me voir pour l'examen du douzième mois. Il tient assis si ses parents l'assoient, n'a aucun déplacement autonome, aime beaucoup être debout et marcher tenu par les mains. La halte-garderie, il n'en est pas question car la maman ne travaille pas : s'occuper de son enfant continuellement permet de le garder toujours à proximité et de justifier sa place dans la famille. Les parents de Samuel sont attendris et pleins d'admiration pour leur petit garçon. La priorité pour moi est de conforter cela ; l'alliance avec eux n'est pas suffisante pour que je puisse me risquer à dire une parole qui pourrait les inquiéter ou les faire douter de leur sentiment d'être des parents adéquats.

Dans le travail avec l'enfant et ses parents, les références culturelles de la famille sont importantes à prendre en considération. Sur les quartiers nord de Nantes où je travaille, des chercheurs [5] ont fait une étude sur l'écart existant entre les références culturelles des professionnels de la petite enfance et celles des familles populaires. Pour ces dernières, l'enfant est perçu moins comme un individu que comme un élément du groupe familial, et aussi comme un être incomplet tant qu'il n'a pas atteint l'âge adulte. L'enfant apprend grâce à ses parents à s'asseoir, à marcher, à manger ; il est placé sous leur dépendance et en contrepartie sous leur protection. C'est pourquoi les parents des familles populaires ne comprennent pas que nous puissions proposer des activités libres au sol. Parler d'autonomie pour de jeunes enfants n'a aucun sens pour eux. Dans ces familles, le père apporte le salaire et la mère élève les enfants. Elles ne les confient qu'à des personnes du groupe familial. La halte-garderie ou l'école maternelle ne sont acceptées que si des passerelles permettent que ces institutions soient familiarisées, c'est-à-dire appartiennent d'une certaine manière à une sorte de grand cercle familial. Alors comment faire alliance et s'inscrire aussi dans ce grand cercle familial ?

Annick Lenestour, pédopsychiatre à l'Aubier dans les Hauts-de-Seine, nous rappelait lors d'un colloque à Nantes [6], il y a quelque temps, qu'« il nous faut certainement abandonner bien des présupposés et lutter contre le retour à une médecine, à une prévention toutes-puissantes » et aussi « renoncer ici encore et encore à rencontrer un parent idéal » ; c'est-à-dire accepter que les parents puissent avoir des façons de faire dif-

5. Anne-Marie Giffo-Levasseur, *Familles populaires et intervenants : des références différentes*, Actes de la journée de PMI du 29 mars 1993.

6. Annick Lenestour, *Le travail avec les parents. Se laisser surprendre, s'allier, se relier pour introduire du changement*, Journées nationales de l'ANECAMSP, 28-29 novembre 2002.

férentes de celles que nous aurions rêvé qu'ils aient pour leur enfant. Cette attitude nous demande un effort, elle ne va pas de soi. Mais là encore, ce sont les ressources des trois partenaires qui vont nous guider. « Alors apprendre aux parents ou bien les rassurer, les confirmer à être eux, les parents qu'ils sont en train de construire et non pas les parents que nous aurions voulu avoir ou être nous-mêmes. »

Comment transmettre aux parents les idées qu'Emmi Pikler a développées et dont nous percevons tout l'intérêt : le bien-être du bébé, la valeur de son activité libre, le respect de ses initiatives, l'accompagnement de son autonomie ?

Il me semble que cette perception du bébé acteur de son développement s'il est nourri affectivement n'a d'intérêt que si elle renforce les capacités d'empathie, d'ajustement, d'émerveillement des parents. Les propositions que nous faisons à la mère ou au père concernant la manière de s'y prendre avec leur bébé peuvent se comparer aux mains des nurses vis-à-vis de l'enfant : elles peuvent être respectueuses ou intrusives, contenantes ou enfermantes pour les parents. Pour le pédiatre, le risque serait d'utiliser les idées d'Emmi Pikler comme un support de conseils, sans attention à la manière dont les parents sont susceptibles de se les approprier et au temps nécessaire pour cela. En revanche, si elles peuvent servir à ouvrir progressivement un espace de pensée, à proposer une vision de l'enfant et de son développement un peu différente, à poser des questions plutôt que d'apporter des réponses, alors nous pourrions sortir de « l'art d'accommoder les bébés » pour aller vers l'art d'être aux côtés des parents.

Nicole Simon Bogaers

La maison Pirouette : un lieu de paroles, d'échange et de détente

La maison Pirouette fonctionne depuis douze ans. Elle se situe en région parisienne. C'est un lieu d'accueil pour enfants de moins de 4 ans, accompagnés d'un adulte tutélaire, le plus souvent la maman, quelquefois le papa ou un autre membre de la famille, à l'occasion l'assistante maternelle. Il arrive également que des enfants en très grandes difficultés motrices ou psychologiques soient en compagnie de leurs parents, mais aussi de l'éducatrice qui soutient la famille. Tous sont accueillis entre 14 heures 30 et 17 heures, le lundi et le mardi, en dehors des périodes de vacances scolaires. Chaque année, une centaine de familles fréquentent la maison Pirouette ; lors de chaque séance, nous recevons le plus souvent une quinzaine d'enfants, parfois moins, parfois davan-

Nicole Simon Bogaers, psychologue, formatrice à l'association Pikler Lóczy de France (avec la contribution d'Isabelle Deligne, médecin).

tage. Les familles sont d'origines extrêmement diverses tant du point de vue culturel que social.

Comment nous arrivent ces parents et ces enfants ?
– Les parents ont le souhait de socialiser leur enfant avant l'entrée à l'école, alors ils cherchent une halte-garderie ou un lieu comme celui-ci. Le service d'accueil de la mairie donne nos coordonnées ;
– les parents en entendent parler par leurs voisins, leurs amis, ou d'autres personnes de la famille ;
– quelquefois leur médecin ou la PMI, voire le service de pédopsychiatrie, leur propose de fréquenter ce lieu.

L'équipe est composée de neuf personnes : quatre puéricultrices, une éducatrice de jeunes enfants, un médecin, trois psychologues. Pendant chaque séance, nous sommes deux accueillantes, pas toujours « les mêmes couples » ! Lors de la première rencontre, nous nous présentons par notre prénom, sans préciser, sauf en réponse à une demande, notre formation et où nous travaillons par ailleurs. Notre intention est de mettre l'accent sur *l'homogénéité d'un fonctionnement et d'une manière de faire* qui reflètent une certaine représentation des besoins de l'enfant et de ses parents, une certaine manière de prendre en compte chacun d'eux, une certaine manière de s'attacher à ce qui se passe dans l'interaction parent-enfant. Ce faisant, nous espérons offrir aux parents comme aux enfants une *fiabilité* qui, malgré les changements de personnes accueillantes, leur assure un sentiment de confiance suffisant.

Nous sommes convaincues qu'enfant et parents ont en eux des compétences et des possibilités de bien s'influencer mutuellement que nous devons soutenir ou aider à mieux se révéler. C'est donc à la relation que nous nous adressons, ce qui implique pour nous d'accueillir chacun, enfant et adulte, dans ses attitudes, ses comportements, ses gestes, ses paroles, ses émotions, tout en respectant cette solidarité familiale. Trois situations illustrent notre propos : Déborrah et sa maman, David et sa maman, la maman de Paul.

Déborrah et sa maman

Déborrah et sa maman viennent pour la première fois. Elles ont été accueillies par ma collègue qui a écrit leur nom sur le tableau puis les accompagne dans la pièce où je me trouve. La maman tient sa petite fille de 10 mois dans les bras. Celle-ci, tournée vers sa maman, se tient très raide et droite et me regarde fixement tandis que sa maman m'explique que la PMI lui a conseillé de venir parce que « sa petite fille a peur de tout le monde et surtout des hommes ». Je me présente et dit à la maman : « Beaucoup d'enfants de son âge semblent avoir peur de ce qu'ils ne connaissent pas », et à la petite fille : « Ici, il y a des femmes mais aussi quelquefois des hommes. » Puis sans lui parler, la maman assoit presque aussitôt, dans l'espace bébés, Déborrah face à la fenêtre et à côté d'une panière pleine de gros legos.

Installée ainsi, Déborrah nous tourne le dos et porte une attention flottante aux jeux qu'elle manipule machinalement. Au bout de quelques minutes seulement, elle tourne précautionneusement sa tête vers sa maman et vers moi en faisant un angle de 90 degrés. Cependant, elle ne manifeste aucun besoin de rapprochement physique. La maman, assise sur une chaise loin de sa fille, me dit : « J'observe comment elle réagit. » Nous regardons ensemble sa petite fille partager son attention entre les legos et nous. Passent moins de dix minutes et j'invite la maman à s'installer sur un « fauteuil plus confortable », plus près du tapis sur lequel est installée sa fille. Je m'assois en face de la maman, sur l'autre fauteuil. Nous formons maintenant toutes les trois un triangle. Sans cesser de manipuler les jeux qu'elle ne regarde pas, Déborrah pivote alors doucement sur ses fesses et se retrouve face à sa maman. Je suis sur la gauche de Déborrah. Celle-ci m'observe et grogne chaque fois qu'elle croise mon regard. Je lui souris à chaque fois, et, ensemble, elle et moi regardons toujours ensuite sa maman qui, elle, nous regarde alternativement. Je dis à la maman : « Déborrah essaie de comprendre ce qui l'entoure. » La maman me sourit. Déborrah me regarde de plus en plus tranquillement mais je sens que je ne dois pas prolonger avec elle en lui parlant.

Bientôt je m'éloigne, quelqu'un prend ma place : la maman d'un petit Yanis, une maman très gentille et très volubile ! Déborrah s'approche à quatre pattes de sa maman qui la prend sur ses genoux. La maman me regarde un peu inquiète, je lui dis : « Déborrah prend son temps pour mieux apprivoiser ce qui l'entoure et qui est nouveau pour elle. » Déborrah ne manifeste pas le besoin de rester et sa maman la repose. Déborrah s'éloigne en marchant à quatre pattes et se retrouve à mi-chemin entre sa maman et celle du petit garçon. Elle s'arrête et, tout en gardant la position à quatre pattes, regarde celle-ci qui justement demande à la maman de Déborrah, si elle peut la prendre ! La maman de Déborrah me regarde ; je suis comme elle un peu interrogative, voire inquiète, d'autant que la maman de Yanis se penche déjà. Alors, Déborrah fixe la maman du petit garçon et par sa seule attitude – immobilité du regard et du corps – lui signifie que « ça, elle ne le veut pas ». Déborrah fait cela sans opposition et sans peur. La maman de Yanis s'arrête dans son élan et s'abstient.

Déborrah me regarde, je suis plus loin sur sa droite, je lui souris ; puis elle regarde sa maman qui est toujours assise derrière elle. Ensuite elle se détourne de nous et part en exploration. Déborrah s'éloigne de ce premier espace destiné aux bébés et part à quatre pattes dans l'espace commun à tous les adultes et enfants de tous âges. Il y a ce jour-là peu de monde. Déborrah marche à quatre pattes comme libérée, regarde autour d'elle, puis se met debout et se déplace avec appui le long des petits meubles. La maman se détend et regarde son enfant.

Un peu plus tard, Déborrah acceptera sans aucune difficulté et sans avoir besoin ni du soutien de sa maman, ni du mien, l'approche très insistante de Yanis, « un petit d'homme » !

Analyse et commentaire

Nous commencerons par Déborrah.

Elle arrive dans un grand état de tension corporelle, au point que dans un *tout premier temps*, il m'est impossible d'évaluer où elle en est de son développement moteur et affectif : pauvreté manipulatoire, expression du besoin de rassurement affectif absente, position assise raide, jambes écartées. *Mais avant la fin de la séance*, Déborrah va se déplacer dans l'espace, en adoptant toutes les positions, « assise », « à quatre pattes » et « debout », dont elle aura besoin pour mener sa propre histoire ! Parallèlement, sa curiosité pour l'environnement matériel et humain deviendra de plus en plus évidente. Essayons de comprendre.

Il semblerait que Déborrah ait pu rapidement profiter de notre confiance dans les capacités du bébé à exprimer ses besoins, ses émotions et ses intérêts, *si certaines conditions sont assurées :*

– première condition : *la motricité libre.* L'espace permet à chaque bébé de se mouvoir librement et en toute sécurité, de jouer avec des jeux adaptés et mis à sa disposition. L'espace est protégé mais il peut en sortir ;

– deuxième condition : *le temps.* Ce besoin si souvent bafoué… le temps laissé au bébé pour saisir quelques éléments de ce qui lui arrive, pour apprivoiser les nouveautés, pour faire par lui-même quelque chose de ce qu'il découvre, c'est-à-dire pour trouver sa propre mesure des événements ;

– troisième condition : *le besoin de fiabilité.* L'installation du coin bébé avec ses deux fauteuils permet au parent de rester proche. Quand sa maman s'installe, à mon invitation, sur un des deux fauteuils, Déborrah peut mieux éprouver comment celle-ci « veille » sur elle et comment elle-même peut compter sur l'attention de sa maman. Cette expérience de la permanence maternelle, avec les caractéristiques qui lui sont propres et que nous analyserons bientôt, cette expérience de fiabilité intime est *une des composantes de la force psychique chez ce bébé de 10 mois.*

Dans ces conditions, Déborrah va pleinement utiliser les ressources qui sont les siennes. *En partenaire actif,* Déborrah s'approprie progressivement la situation, elle adopte les positions corporelles, gestuelles et visuelles dont elle a besoin dans ses expériences d'évitement, de réassurance, de mise à distance et enfin de liberté d'être et de faire.

À présent, intéressons-nous à la maman.

Celle-ci parle très peu. Elle ne s'adresse jamais à sa fille bien qu'elle lui soit très attentive, et ne me dira que deux phrases.

La première : « C'est la PMI qui m'envoie. Déborrah a peur de tout le monde et surtout des hommes. » C'est sur cette phrase que je démarre prudemment. Auprès de la maman, je me réfère aux étapes de développement : « Beaucoup d'enfants de son âge semblent avoir peur de ce qu'ils ne connaissent pas. » Je ne banalise pas la préoccupation de la maman ni le comportement décrit mais *je resitue dans le développement global d'un jeune enfant*. Puis je m'adresse à Déborrah qui est dans les bras de sa maman, si raide et si attentive. Elles écoutent ensemble quand je parle en termes tout simples de la *réalité de ce lieu* : « Ici, il y a des femmes mais aussi quelquefois des hommes. » Je ne m'attache pas à rassurer à tout prix mais simplement à « nous mettre en condition pour partager quelque chose ensemble ».

Alors que fait cette maman ? Elle ne me laisse pas le temps de lui présenter les lieux et de lui proposer de s'installer avec sa fille. D'emblée, elle pose sans une parole d'accompagnement Déborrah sur le tapis dans une position pour le moins surprenante, puisque celle-ci tourne le dos à sa maman et à tout l'environnement. Puis elle va s'installer le plus loin possible sur une chaise. Je dois avoir l'air un peu interrogateur car elle me dit alors sa seconde et dernière phrase : « J'observe comment elle réagit. » Je souris et observe avec elle. Ce qui me soutient pour ne pas intervenir trop vite, c'est notre conviction qu'un parent doit *être respecté dans son fonctionnement spon-*

tané. Il s'agit d'abord de lui faire confiance pour soutenir son bébé. Il en a les compétences.

Cependant, quand quelques minutes plus tard je propose à la maman, sous couvert d'un meilleur confort, de nous rapprocher de son bébé, ce qui me guide est l'attitude de Déborrah, si peu revendicatrice et si raide. Parallèlement, mon souci est de ne pas cautionner par ma propre attitude celle d'expérimentatrice adoptée ici par la mère, mais *plutôt d'essayer* avec elle d'être dans un moment d'attention conjointe et de partage émotionnel autour de son enfant. Le comportement de Déborrah va maintenant servir de liant.

Mon profond désir, dans ce premier temps d'accueil, est que toutes deux profitent de cette observation conjointe. Que cette observation les soutienne chacune pour elle et elles ensemble. Et pas pour aujourd'hui seulement ! Alors comment doucement transformer l'image de l'enfant… sans que cette maman se sente non reconnue dans sa préoccupation ou dans sa manière d'être avec son enfant, mais… pour que Déborrah émerge avec ses propres préoccupations et libérée des projections fantasmatiques de sa maman ?

Pour soutenir ce processus qui implique une *double identification à la maman comme au bébé*… à la place des « sentiments de peur », je mets en avant les capacités de l'enfant à se questionner sur ce qui est nouveau et inhabituel, mais aussi j'anticipe sur ses capacités à faire quelque chose de ce questionnement, d'où mes termes « pour mieux apprivoiser ce qui l'entoure ». C'est un moment pivot, car Déborrah est alors sur les genoux de sa maman, attentive mais détendue et prête à redescendre. La maman prend alors toute sa valeur, ô combien précieuse, de support pour sa fille. Ce moment court mais paisible que nous vivons ensemble contribue à renforcer chez la maman une bonne image d'elle-même et de sa relation avec sa fille. C'est sans tension qu'elle laisse repartir Déborrah, en recherchant toutefois mon adhésion visuelle.

Et enfin, *comme pour* concrétiser ce début de remaniement des images intérieures, Déborrah va agir de sorte que sa maman et elle fassent ensemble cette expérience de libération. Quand Déborrah impose à la maman de Yanis son propre vouloir de ne pas être prise, et ce, je le répète, sans peur et sans opposition, la maman et moi sommes vraiment ensemble pour observer cela : une compétence s'actualise. Cette reconnaissance sans mots mais émotionnellement partagée avec la maman finit de rassurer celle-ci et stimule sa fille qui peut alors partir en exploration de l'environnement matériel et humain.

Cet exemple illustre comment nos représentations de l'enfant, de son parent, d'un espace dans lequel ils peuvent être ensemble et en même temps individualisés nous soutiennent intimement dans l'accueil des familles. Mais il existe d'autres situations autrement complexes, bien que banales. Ce sont les deux cas que nous allons maintenant développer, reflétant chacun des problématiques et des enjeux différents.

David et sa maman

David vient pour la première fois avec sa maman alors qu'il est âgé de 2 ans et demi. L'âge de l'enfant ne change pas fondamentalement notre mode d'accueil, notre attitude intérieure, mais nous oblige à être présentes différemment. Nous nous appuyons souvent sur le comportement spontané de l'enfant pour présenter les différentes possibilités qui sont offertes à l'enfant comme au parent dans ce lieu qui se veut d'abord un lieu d'échange et de détente, un lieu de rencontre pour enfants et pour adultes (parents entre eux, parents et professionnels) et qui, en conséquence, a nécessairement des règles de vie et d'usage. En outre, toujours et simultanément, nous essayons de ressentir avec quelle demande la maman vient à la maison Pirouette.

Avec David et sa maman, la problématique familiale s'est mise en acte dès la première séance. La maman m'explique qu'elle est le plus souvent seule avec son fils dans une grande maison, son mari est fréquemment en déplacement et toute sa famille est en Algérie. Elle semble un peu déprimée et dit de son fils qu'il est « difficile, exigeant, collé à elle et faisant beaucoup de bêtises ». Elle s'inquiète qu'« il ne parle pas bien et qu'il ne soit pas propre ». J'écoute la maman et essaie un premier travail de restauration, je me réfère à l'âge de l'enfant et fais allusion au niveau de développement où globalement il se situe.

Puis David décidant d'explorer la seconde pièce, je laisse la maman le suivre, ma collègue continue l'accueil. Passe un bon moment et j'entends un grand souffle d'énervement dans la pièce à côté. Ma collègue vient me chercher, elle se sent à bout d'arguments. David veut jouer à l'eau mais refuse de mettre un tablier, il tempête ; la maman, après avoir voulu l'obliger pour satisfaire son désir, semble maintenant désemparée car elle tient autant à nous satisfaire qu'à ne pas porter préjudice à son enfant.

Être deux accueillantes *authentiquement ensemble* sert à cela : nous changeons de pièce et je prends le relais.

Je commence par dire au petit garçon que je comprends que cela est difficile pour lui : il veut jouer à l'eau *et* il faut mettre un tablier. Ce n'est pas la *conjonction « mais »* que j'emploie, je préfère utiliser la *conjonction « et »* qui met l'accent sur la règle d'usage (mettre un tablier) comme étant *inhérente* à l'activité (jouer à l'eau). C'est incontournable et c'est la même règle pour tous les enfants. En effet, je n'ai pas envie de renforcer chez cet enfant le sentiment de frustration déjà omniprésent et que corrobore l'attitude désemparée de la maman.

Après quelques minutes, David se calme, renonce à jouer à l'eau et part vers de nouvelles conquêtes. Dans cette même séance, il découvrira qu'on ne peut pas courir sur le tapis des bébés, mais qu'« un grand » peut s'y installer paisiblement… et sans chaussures si on est vraiment grand… que pour la peinture, c'est la même chose que pour l'eau, il faut mettre un tablier… qu'on n'est pas sur la plage et que jouer au sable implique de rester près du bac et si possible au-dessus… *mais que dans cet espace, il est libre de s'intéresser à ce qui lui plaît et de se mouvoir comme il lui convient.*

Parallèlement, avec la maman commence un travail de soutien, très verbal cette fois ! Cette maman vraiment déprimée a peu de disponibilité intérieure pour son fils avec lequel elle dit ne jamais jouer et dont elle se plaint surtout qu'il l'épuise. Il n'y a pas d'empathie spontanée chez cette maman dont ultérieurement une de mes collègues écrira : « Elle regarde son fils comme une étrangère », et une autre collègue : « C'est une maman monolithique. » C'est donc très difficile. Et cependant cette maman est infiniment préoccupée de son enfant et de sa relation avec lui. Alors comment l'aider à être mieux avec son enfant et avec elle-même ?

Soutenir cette maman dans cette séance consiste à :
– premièrement, moduler avec elle *une autre image de la relation parent-enfant : l'enfant ne grandit pas contre son parent, mais avec lui* ;
– deuxièmement, la sensibiliser à *l'image d'un enfant qui a besoin d'être accompagné dans sa maturation et son étape de développement.* À l'âge de David, il est encore difficile d'attendre ou d'accepter des conditions pour satisfaire son désir. Mais cela lui est supportable s'il se sent compris et si les conditions qu'il doit accepter ne sont pas vécues par le parent comme un préjudice pour lui ;
– troisièmement, amener cette maman à observer avec moi *comment David se débrouille aujourd'hui :*

- il investit très méthodiquement les lieux, prenant son temps pour tout,
- comme il est installé sur le tapis des bébés, je lui propose le bac de legos, il les accepte de bon gré et concentre son attention sur une construction,
- il consent volontiers à être en relation, même s'il ne la recherche pas.

Cela a pour effet de mettre l'accent sur *les compétences de cet enfant.* Mon espoir est que cette reconnaissance des compétences de David permette à la maman de repartir aujourd'hui avec une *image plus positive de son fils, d'elle-même et de leur relation.*

Bien évidemment arrive le moment du départ. C'est un moment souvent difficile pour les nouveaux car ils n'ont pas encore acquis l'assurance de retrouver tout ce qu'ils viennent de découvrir. Alors que tout le monde se prépare plus ou moins au départ, la maman dit craindre le pire : « David ne voudra pas partir ! » Et c'est vrai, David refuse de partir ; il se précipite dans le coin eau et enfile un, puis deux, et bientôt trois tabliers. La maman est atterrée… et moi, je ris de cet enfant si intelligent et prêt à tout faire pour nous satisfaire et rester encore ! J'assure à David que la prochaine fois les tabliers seront encore là, qu'il pourra en mettre un pour jouer à l'eau, mais qu'aujourd'hui, la maison Pirouette, c'est fini. Doucement, j'enlève les tabliers enfilés si promptement. David se laisse faire et part avec sa maman.

Quelques mots de conclusion sur ces deux exemples : de quoi un parent peut-il profiter d'emblée ?

– Peut-être d'une attention qui ne le sépare pas de son enfant, qui ne les individualise pas trop vite, d'où l'intérêt d'observer avec le parent son enfant et de partager *ensemble* nos impressions.

– Peut-être d'une *attention à sa préoccupation* du moment. Le parent a souvent autant besoin d'être écouté que de regarder avec nous son enfant. Cependant, cette demande du parent ne peut être privilégiée au détriment de la situation qui permet à l'enfant et au parent d'être là, ensemble, avec nous.

– Sans doute de ne pas recevoir des injonctions, des recettes ou des explications forcenées qui relèveraient d'une volonté de convaincre. C'est bien autre chose de partager avec le parent ce que nous savons du développement d'un enfant en nous appuyant d'abord *sur ses questions et sur ce qui se passe dans ce moment ensemble.*

– *Certainement de se sentir compris et digne de confiance.*

– Si possible d'être dans le *partage émotionnel.*

– Assurément de découvrir ou d'être rassuré sur les *compétences de son enfant.*
– *Au mieux d'être conforté ou restauré dans son image de soi et dans l'image de son enfant.*

La maman de Paul

Paul et sa maman viennent très régulièrement pendant près d'un an et demi, depuis les 18 mois de Paul et jusqu'à ses 33 mois. Ils viennent de s'installer dans un logement de fonction du papa, ne connaissent personne, viennent sur les indications d'un pédiatre de leur ancien domicile. Je parlerai surtout de la maman qui nous a fait beaucoup travailler en équipe.

Paul a 18 mois

Sa maman est en permanence sur le qui-vive, inquiète que Paul puisse se faire mal, inquiète qu'un enfant l'agresse. Elle est à l'affût de ses faits et gestes et tape facilement la main de Paul « pour lui faire comprendre ».

À sa troisième venue, elle est très très défensive en découvrant les deux accueillantes, elle dit ne connaître que l'accueillante présente les deux fois précédentes. Elle interdit à Paul le coin cuisine, jeu de fille ; elle est butée sur ses positions. Antoine arrive et se dirige droit sur les camions et Paul. Il pousse et tape Paul. La maman de ce dernier voit rouge, se jette sur Antoine et hurle. La maman d'Antoine accourt, se renseigne, cherche les traces de coup sur Paul, et tape son fils.

Les accueillantes essayent de verbaliser ce qui se passe. Elles soulignent comment en tant que parents, notre comportement influence nos enfants, d'où la nécessité de nous retenir comme nous le demandons aux enfants. Les mamans s'interpellent par-dessus la tête des accueillantes : « On va se les faire ! » L'agressivité des adultes tombe un peu, mais les mamans restent sur leurs gardes. Antoine se détend, mais veut prendre le jouet de Paul. Celui-ci est conciliant, et ils finissent par jouer ensemble, s'échangent les jouets. La maman de Paul observe la scène : « Décidément, je ne comprendrai jamais rien aux enfants. »

Malgré des sollicitations répétées, elle refuse de prendre en compte des règles de vie de Pirouette : en particulier, elle ne veut pas utiliser la table en retrait prévue pour le goûter, donne à Paul ses gâteaux et boissons au milieu des jeux et le laisse se déplacer avec ; ou bien, ostensiblement, elle dépose leurs blousons en dehors des portemanteaux.

Lors d'une séance, la maman accapare un fauteuil avec ses affaires, le déplace pour le garder près d'elle. Ma collègue lui parle du vestiaire, cherche explications et arguments, mais sans succès. Elle finit par s'asseoir, mine de rien, sur ses affaires, histoire de montrer qu'elle « dérange ». Elle vient peu après prendre sac et blousons et les accroche aux portemanteaux en disant : « Je dégage la place ! »

Paul a 20 mois

Sa maman est excédée des agressions d'Antoine envers Paul qui, lui, n'en est pas paniqué et continue à jouer. Elle dit ne pas supporter toutes ces bêtises, c'est-à-dire les réactions violentes d'Antoine face à toute frustration. Elle part brutalement malgré les tentatives pour la rassurer ; elle nie avoir peur.

Nous sentons qu'il y a beaucoup d'agressivité retenue. Paul ne réagit pas, se laisse mettre dans la poussette.

La semaine suivante, ils reviennent tous les deux. Antoine n'est pas là, la maman de Paul exprime son soulagement : « Vous ne croyez pas qu'on est beaucoup mieux quand il n'est pas là ! » Elle emploie des termes excessifs : « Il était très méchant, il a failli lui arracher le nez ! » Puis ses paroles deviennent de plus en plus empathiques : « C'est la mère qu'il faut soigner », « Ils doivent se faire aider tous les deux… pas par un psy quand même ! » ou encore : « Si elle a réussi avec sa première fille, pourquoi elle y arriverait pas avec le deuxième ? »

Paul a 2 ans

Sa maman n'entretient encore que peu de relations spontanées avec les autres adultes et les autres enfants ; elle parle surtout avec les accueillantes qui s'adressent à elle. Elle s'apaise à Pirouette, peut être calme, presque discrète et joyeuse. Son fils a de réels échanges avec adultes et enfants. Elle lui laisse davantage d'espace. Elle plaisante beaucoup avec lui, et Paul ne sait pas toujours si c'est du lard ou du cochon.

Paul a 2 ans et demi

À une séance, sa maman lui raconte un livre, en le laissant exprimer ses propres émotions et sans surajouter les siennes. Tous les deux respectent maintenant les règles. La maman remarque tout de suite l'arrivée d'un petit enfant handicapé, et vient le dire à l'accueillante comme si cette venue lui faisait plaisir.

Deux semaines plus tard, Paul commence par faire n'importe quoi ; sa maman lui donne des tapes sur la main jusqu'à ce que l'accueillante lui explique qu'elle est son modèle identificatoire. Elle se dit désireuse de s'appliquer, et pense pouvoir le faire car on lui aurait dit cela « avec tendresse ».

Puis Paul et sa maman passent un long moment à faire des puzzles.

Paul a 2 ans et 9 mois

Le petit nombre d'enfants ne le disperse pas, il peut se concentrer sur des jeux même si les interventions de sa maman l'empêchent parfois d'aller au bout de son propre projet. Il est très attentif aux arrivées des adultes et des enfants, il cherche à nommer ceux qu'il connaît. Il nous fait remarquer ce qui n'est pas à sa place et semble satisfait d'être compris.

Sa maman est assise, appuyée au dos du fauteuil, les mains facilement posées sur son ventre, en salopette. Elle a fait le matin même un test de grossesse positif, et nous sommes les premières à qui elle en parle. Elle n'a pas l'intention de le dire tout de suite à Paul, bien qu'il soit au milieu de la scène. Nous discutons de cela. Elle imagine son année autour de ce bébé. Enceinte de 15 jours, elle semble déjà vivre cette grossesse.

Cette maman nous a beaucoup mises à l'épreuve, défiées, refusant ou ne pouvant prendre en compte les règles concernant l'espace du goûter, le vestiaire, se retenir de taper ou de crier, et ne soutenant pas son fils dans ces règles. Provocante, elle risquait toujours de nous faire réagir impulsivement, de nous rendre provocantes à notre tour (l'histoire du fauteuil…), rejetantes.

Elle aurait pu cliver notre équipe : « Je ne connais qu'Annie », « J'aime qu'on me dise très gentiment comme le fait Nicole (sous-entendu, pas vous) », « Pas de téléphone ici, c'est la loi d'Isabelle »…

Chacune des accueillantes a pu se sentir énervée, excédée. Les mots employés dans les *comptes rendus* rédigés à la suite de chaque séance, reflètent ces émotions :

« La maman est très tranchée sur ses positions,
très butée,
très très défensive,
très imperméable,
d'une grande violence… »

Nos écrits témoignent aussi des essais de compréhension, d'empathie, des premières questions :

« la maman ne prend pas en compte les règles de Pirouette, comment l'obliger ? Le faut-il ? Comment mieux lui expliquer ces règles, lui en montrer l'intérêt pour les enfants ? »

On retrouve souvent à la fin des comptes rendus, une petite conclusion qui exprime les émotions des accueillantes :
– l'épuisement : « Séance épuisante ; j'ai eu l'impression d'être au front en permanence pour éviter que les relations ne dégénèrent » ;
– l'apaisement : « Séance paisible malgré le grand nombre de personnes » ;
– l'impasse : « Aujourd'hui, je n'ai pas trouvé d'ouverture possible avec cette maman qui m'a semblé butée dans ses idées » ;
– la lassitude : « À son habitude, la maman provoque. Les enfants sont souvent oubliés, les mamans centrées sur elles-mêmes » ;

– la joie : « Les mamans se parlent et s'aident à soutenir les enfants quand ils en ont besoin. »

Les réunions de synthèse programmées tous les deux mois ont souvent été animées à l'évocation de ses provocations et de sa manière de s'occuper de Paul. En parler nous a permis de le supporter et d'assurer une cohésion, une cohérence qui permettent à la maman de ne pas se fragmenter suivant les accueillantes présentes. La permanence du cadre proposé a pu lui être bénéfique. Nous avons beaucoup partagé les petits détails des rencontres à Pirouette pour instaurer une continuité, essayer de ne pas réagir d'une manière individuelle, immédiate.

Parallèlement à notre travail d'équipe, la maman de Paul a pu passer de la défiance à la confiance. Elle est devenue taquine, a fait de l'humour. Toujours un peu provocante, lançant des boutades, elle a finalement accepté les règles de Pirouette. Elle nous montrait l'importance de ce lieu pour elle et son fils en venant toujours dès l'ouverture.

Le lieu a pu être suffisamment contenant pour que la maman ne passe pas trop à l'acte malgré ses menaces de tapes et de fessées. Elle a pu bénéficier du soutien d'autres mamans : « Ça ne sert à rien de s'énerver. » Elle a été elle-même en mesure de soutenir une nouvelle maman qui allait taper son enfant : « Ici, elles pensent qu'on peut faire autrement. » Elle a pu transformer son rejet d'Antoine en préoccupation, sollicitude et accueillir Yann, enfant handicapé très marqué physiquement.

L'annonce très précoce de sa grossesse signera sa confiance dans le lieu et l'équipe, la possibilité d'y partager des émotions, des projets.

Qu'apporte cette expérience aux professionnelles de la petite enfance ?

Il y a plusieurs niveaux de réponse.

En ce qui me concerne, travailler ainsi avec les parents et les enfants est un véritable enrichissement. En tant que professionnelle, je dois prendre une distance par rapport à mon propre vécu d'enfant puis de parent. Alors la confrontation obligée avec des situations si simples, si banales et en même temps si complexes me permet de rester sensible à la réalité quotidienne du parent et de son enfant et très respectueuse de cette singularité et de cette profonde richesse de la relation parentale.

Une autre remarque qui semble vraie aussi pour mes collègues : ne pas être dans sa fonction habituelle – de médecin, de puéricultrice, d'éducatrice, de psychologue, de responsable d'un lieu de garde… – donne une grande liberté dans la rencontre avec les parents et les enfants.

Parce que ce n'est pas une consultation ou un lieu de garde. C'est vraiment ensemble que professionnelles, parents et enfants, nous développons, dans ce petit théâtre qu'est la maison Pirouette, quelque chose d'important qui concerne notre humanité profonde, à savoir la capacité d'être en relation.

Dans ce lieu, nous apprenons et pratiquons un réel travail en équipe marqué par le souci de la continuité, de la cohérence et de la cohésion. Ce sont les écrits et les réunions de synthèse qui nous soutiennent dans cet effort. Les écrits assurent la continuité de l'histoire vécue à la maison Pirouette ainsi que la libération des premières émotions. Les réunions de synthèse nous permettent de nous interroger simultanément selon deux volets :

– un volet que j'appellerai « psychique », car toutes, nous acceptons de travailler sur nos émotions, nos impressions, nos observations et en conséquence sur nos représentations individuelles de l'enfant, d'un parent, d'une relation parent-enfant, d'une relation parent-enfant-professionnel. Nous y travaillons le plus authentiquement possible afin que ces représentations quelquefois différentes ne remettent pas en question la cohérence de l'accueil des familles, cet objectif commun garant de notre cohésion ;

– un second volet que je qualifierai de « concret », car nous pensons important de travailler sur ce qui vient d'être énoncé en nous préoccupant également de ce que *cela implique sur toutes les propositions* que nous faisons dans ce lieu : quant à l'aménagement de l'espace, aux propositions de jeux, quant à nos efforts de prendre en compte les besoins de l'enfant et de l'adulte. C'est-à-dire comment, dans *la réalité du lieu*, nous *essayons* d'être cohérentes avec nos représentations. Nous savons que cela se joue dans les détails. Un des moyens privilégiés reste l'observation et le partage des observations *afin d'évaluer les effets de nos propositions sur les parents et les enfants et de les ajuster si nécessaire.* Par exemple, l'espace et les jeux pour les enfants de 15-18 mois nous préoccupent depuis longtemps et maintenant, de nouveau, le coin goûter ne nous satisfait pas complètement.

En termes d'apport, j'ai le sentiment profond que tant cette expérience sur le terrain, en situation, que ce travail en équipe forgent en nous une certaine attitude intérieure. Et cette attitude intérieure, nous l'emportons avec nous dans nos autres structures. Alors quelles sont les conséquences ? Certainement d'avoir fortifié nos convictions et aiguisé notre volonté à un point tel que celles-là se reflètent dans notre pratique.

Ainsi, je pense pouvoir affirmer que nous sommes toutes intimement convaincues que prendre en charge un enfant implique une prise en compte authentique et respectueuse de ses parents et de la relation parents-enfant. Ce qui est le contraire d'une attitude de clivage : « Eux, ils font comme ils veulent à la maison et nous, on fait comme on veut à la crèche » ou d'une attitude de soumission : « Nous, on fait ce que les parents nous disent. »

Les professionnelles et moi-même retournons dans nos structures avec l'envie de construire avec les parents, d'échanger et de partager avec eux ce que nous savons du développement moteur, ludique, cognitif et affectif de l'enfant en général et sur ce que nous comprenons de ses besoins et intérêts. Nous savons toute l'importance à accorder au vécu du parent et à ses représentations d'un enfant. Et comme il convient d'être délicat, précautionneux quand il faut toucher à ce vécu, et ce même à travers des remarques banales : « Je ne comprends pas : chez moi, il dort ! » ou encore « Je ne comprends pas : chez moi, il ne mange pas ! »

Enfin et surtout, nous avons la conviction que nous devons garder une grande humilité quand nous rencontrons les familles, car chacune d'entre elles a des ressources et des compétences uniques que nous allons peut-être aider à potentialiser mais que nous abîmerions certainement si nous voulions aller trop vite ou influencer à tout prix.

Micheline Blazy

Le Vésinet : un exemple d'adaptation de l'observation piklérienne

Notre service de soins en périnatalité est un service hospitalier public qui accueille vingt femmes enceintes et vingt et une femmes qui viennent d'accoucher, avec leurs bébés de 0 à 3 mois.

Toutes ces patientes ont comme point commun d'être en extrême difficulté, voire en détresse, sur le plan médical, social, psychiatrique ou psychologique. Souvent les trois sortes de difficultés sont intimement intriquées et facteurs de vulnérabilité parentale. Ce sont ceux de la personne elle-même, du fait de son histoire ou de sa pathologie. Ce peuvent être également ceux de la personne en tant que parent, par son histoire familiale ou l'échec d'une parentalité antérieure.

Ces facteurs de vulnérabilité sont des facteurs de risque repérés par des études rétrospectives de cohortes d'enfants maltraités. Nous ne devons cependant jamais oublier que ce ne sont que des facteurs de risque ; notre regard doit rester neuf

Micheline Blazy, médecin-chef du service de soins en périnatalité de l'hôpital du Vésinet.

pour chaque situation, de façon à pouvoir nous laisser surprendre et à ne pas stigmatiser ces parents déjà fragiles ; nous ne ferions sinon que renforcer leur sentiment d'incompétence, d'échec, de mésestime d'eux-mêmes.

Nous avons affaire à des parents ayant vécu dans leur enfance des situations de carence (affective, éducative), de rejet, de rupture des liens familiaux, de deuils non élaborés, de sévices physiques, psychiques ou sexuels qui ont fait d'eux des adultes fragiles et immatures possédant une très mauvaise image d'eux-mêmes et ne supportant pas la frustration.

À cela s'ajoutent des maternités antérieures parfois malheureuses, voire des séparations brutales, traumatisantes avec des enfants précédents qui les ont disqualifiés dans leurs compétences parentales.

Ils ont alors de grands désirs de changement à travers ce bébé à venir ; il est celui qui doit tout réparer, guérir les blessures, combler le vide, constituer à lui seul une famille. Il est plus attendu comme un être aimant ses parents que comme un nouveau-né à aimer et à protéger. C'est là un bébé particulièrement imaginaire ; le bébé réel risque donc d'être fort décevant et même rapidement persécuteur s'il n'est pas vécu comme absolument « normal ».

Notre but est d'assurer la naissance à terme d'un enfant en bonne santé dans une attente de la mère ou des parents la plus sereine possible. Il s'agit aussi, tout au long du séjour, avant comme après l'accouchement, d'accompagner, de soutenir, de renforcer le tissage du lien mère-bébé en nous appuyant sur les compétences parentales ; de profiter de la très grande mobilisation affective, émotionnelle, psychique que représente la période périnatale pour tenter de prévenir des dysfonction-

nements relationnels possibles ; mais notre devoir est également d'évaluer cette relation mère-enfant ou parents-enfant :
– soit, malgré ses difficultés, la relation est bénéfique à l'enfant et nous aménageons la sortie de la mère avec son bébé afin d'assurer un relais de soins et de suivi. Les partenaires extérieurs sont alors de la plus grande importance – famille de la patiente, secteur, PMI, centre maternel, ASE –… et font parfois cruellement défaut. La jeune femme est souvent complètement isolée affectivement, sans famille, sans conjoint, sans domicile fixe donc non sectorisée, sans équipe qui la connaisse, qui la suive ; sans papiers ou ayant dépassé la trentaine ou en couple, donc refusée par les centres maternels… Elle a souvent le sentiment qu'elle n'entre dans aucune « case » prévue par l'administration. Elle a raison. C'est ce qu'on appelle une exclue ;
– soit le bébé risque la maltraitance ou la négligence grave, il présente des signes de souffrance ; la relation est pathogène, l'enfant doit être préservé. Il s'agit alors pour nous de maintenir le lien mère-enfant dans la distance pour que le bébé puisse grandir et s'épanouir, pour que la dyade puisse se rencontrer sans que chacun soit détruit, désorganisé. Il faut préparer le placement du bébé avec l'ASE et le juge pour enfants afin que la séparation ne soit pas une rupture, en espérant éviter ainsi le pire pour la mère et le bébé, de même que l'arrivée d'une nouvelle grossesse, d'un nouveau placement, dans un mouvement de répétition induit.

Somaticiens, psychologues et travailleurs sociaux

Pour ce travail difficile, nous formons une équipe pluridisciplinaire : médecins, psychologues, assistantes sociales, sages-femmes, infirmières, auxiliaires de puériculture. L'équipe, vivante, motivée et dynamique, s'est dotée, au cours de son histoire, d'outils – au sens noble du terme – pour répondre au plus près à notre objectif de soins :

– l'hypnothérapie exercée par une des psychologues trouve une place privilégiée dans les cas de traumatisme indicible : guerre, tortures, sévices sexuels… ;

– l'haptonomie, sous la responsabilité d'un cadre sage-femme, permet la mise en relation très précoce pendant la grossesse d'un couple parental avec son fœtus. Pour des personnes ne pouvant ou ne voulant pas, pour des raisons diverses, bénéficier d'un accompagnement psychologique classique, l'haptonomie apparaît, par le tissage précoce du lien, comme un moyen de prévention de la maltraitance ;

– enfin, la méthode d'observation du nouveau-né selon Lóczy s'est imposée à nous comme une évidence en 1997. L'ensemble de l'équipe s'est formé au sein même du service, et nous renouvelons cette formation régulièrement. En effet, jusqu'alors nous ne considérions les situations, les interactions que sous l'angle de la mère. Le bébé allait « bien » ou « mal ». La notion de sa résilience n'était qu'intuitive et vague ; l'évaluation de son état restait trop subjective, sous-tendue par l'appréciation du soignant sur les capacités maternelles – ou plus souvent sur les manques et les manquements parentaux – évaluées instinctivement en fonction de son propre idéal ou de sa norme personnelle. Les ressources propres du nouveau-né n'étaient pas prises en compte et encore moins soutenues.

L'enseignement d'Emmi Pikler qui nous a été transmis a marqué un virage dans notre prise en charge mère-bébé. « Le bébé est une personne » ne correspond plus seulement à un concept théorique sympathique, mais chaque bébé prend sa place à part entière. Il peut, en fonction de sa situation médicale, familiale, bénéficier de soins spécifiques, directement par les soignants et indirectement à travers le soutien à la parentalité de sa mère lors des soins quotidiens. Les soins habituels à la mère s'accompagnent alors de soins au bébé *et* de soins à la relation mère-bébé. Par ailleurs, nous avons dû adapter cet enseignement à notre service, puisque, contrairement à Lóczy, la mère est présente et nécessite elle-même un soutien. Au Vésinet comme à Lóczy, que le bébé et sa mère vivent ensemble ou soient séparés, que la mère soit physiquement là ou pas, la soignante doit l'intégrer dans sa prise en charge du bébé, lui laisser sa place sans se substituer à elle. Mais soutenir la mère suppose également la recherche de l'attitude adéquate : il s'agit en effet de ne se positionner ni comme « *la* bonne mère » ni comme le « Soignant-tout-puissant-car-il-a-le-savoir ». Il s'agit d'éprouver de l'empathie pour le bébé et sa mère, mais en restant professionnel. Un rôle d'équilibriste…

Imaginez une mère toxicomane, désemparée et culpabilisée devant son nourrisson en plein syndrome de sevrage, peu gratifiant pour elle car buvant mal, et prenant peu de poids, trémulant, sursautant au moindre stimulus, hurlant de façon insupportable avec un cri suraigu, ininterrompu…

Imaginez une mère vulnérable décrite plus haut, un bébé imaginaire réparateur dans sa tête, face à son bébé très réel qui tète mal, régurgite ou vomit, pleure trop, se console mal dans ses bras, ou pire se calme dans les bras d'une autre…

On entend alors : « Il fait exprès… Il pleure parce qu'il ne m'aime pas… Il pleure parce qu'il est malheureux… C'est normal, je suis mauvaise, il le sait. »

Les mères vulnérables peuvent rapidement se sentir agressées ou bien se retrouver en plein désarroi, dans une identification du bébé à elles-mêmes petites, pleurant sans trouver de réconfort.

C'est là que les soignants peuvent intervenir. Le soutien de la relation mère-enfant passe par une reconnaissance de leur aptitude maternelle ; doucement, leur montrer que leur bébé ne fait pas exprès de tout recracher sur le pyjama neuf, qu'il n'agit pas « contre » elles ; les amener à reconnaître en elles les moyens de l'apaiser, à s'autoriser des gestes, des bercements, des chansons de leur pays, de leur passé. Notre présence doit être discrète, sans jugement de valeur mais aussi sans complaisance, en sachant pointer les difficultés au fur et à mesure. Dans sa place de tiers à la relation mère-bébé, l'équipe a donc à la fois un rôle paternant et maternant :

– maternant par l'étayage de la relation, le soutien des mères fragilisées narcissiquement par les agressions de leur bébé, le « chouchoutage » des adolescentes. La nurserie où elles peuvent s'occuper de leur enfant avec l'aide ou sous le regard bienveillant du personnel devient alors comme un giron sécurisant et thérapeutique ;

– maternant aussi en assurant, dans la continuité de la mère, le nourrissage et la contenance, physiques et psychiques, du nouveau-né ;

– paternant par les limites que nous imposons, les règles que nous faisons respecter, aussi bien vis-à-vis de l'institution et de son personnel que de leur bébé que nous voulons préserver au maximum de toute violence.

La vidéo, un nouvel outil ?

La mise en place de la vidéo nous a permis de poursuivre dans cette voie en offrant d'observer non seulement le bébé, mais aussi les interactions mère-bébé, et d'harmoniser notre vocabulaire. Les films sont pris par un des psychologues, les mères ayant signé un consentement. Nous les visionnons lors des réunions, ainsi la synthèse est enrichie du croisement des regards des différents professionnels ayant reçu la même formation piklérienne, parlant des mêmes choses avec les mêmes mots.

Le film semble donc plus objectif car il évite l'émotion du soignant, seul témoin observateur de l'interaction, à condition que la dyade soit filmée dans des situations habituelles et non artificiellement créées pour faire des images. Sinon, le film est lui-même pourvoyeur d'interprétations erronées, voire de violence. On a pu voir ainsi, en vidéo, un nourrisson hurlant pendant un bain, puis ingurgitant de force un biberon dont il n'avait manifestement pas envie. La mère essayait de faire bonne figure, mais était en réalité complètement débordée, désarçonnée, désadaptée. En fait, ayant rendez-vous pour la vidéo, elle avait réveillé son enfant qui dormait à poings fermés… Nous devenons alors maltraitants pour le bébé et pour sa mère, et les images sont ininterprétables. C'est ce qu'on peut appeler de la vidéo iatrogène, à proscrire formellement bien sûr.

La vidéo a l'avantage de proposer les arrêts sur image, les retours en arrière quand certains détails ont échappé, quand l'interprétation n'est pas consensuelle. Elle peut permettre de visionner plusieurs fois : une fois pour observer le bébé, une fois pour la mère, une fois pour les interactions. Les séquences filmées à quelques semaines d'écart et visionnées à la suite servent aussi à objectiver l'évolutivité de la relation mère-enfant ou du développement du bébé de façon beaucoup plus visible et plus gratifiante par l'équipe qui, au quotidien, a trop « le nez dans le guidon » pour l'apprécier.

Parfois, la vidéo met tout le monde d'accord, parfois elle laisse des interrogations qui devront trouver une réponse dans de nouvelles observations ; parfois encore, elle exacerbe par son côté ponctuel, presque brutal, certaines impressions de malaise, de dysfonctionnement, de décalage, de dysharmonie, qui pourront être relativisées et contrebalancées par les observations directes.

L'observation directe

Ces observations quotidiennes des soignants, méticuleuses, transcrites dans le dossier du bébé, lues en réunions de synthèse sont donc toujours aussi nécessaires. Il s'agit là d'un travail difficile : minutieux, rigoureux, humble et chronophage, il est vécu de différentes manières par les acteurs de premier plan que sont les auxiliaires de puériculture, référentes des bébés. Pour certaines, l'obligation est trop lourde en charge de travail pour décrire une situation si évidente puisque « tout va bien » ou que, au contraire, « ça ne colle pas, c'est visible ». Pour d'autres, l'observation est trop lourde en responsabilité, en conséquences négatives qu'elle peut entraîner ; comme si, en témoignant d'interactions pathogènes ou de signes de souffrance du nouveau-né, elles étaient responsables, en la précipitant, de la séparation d'une mère et de son bébé ; elles vivent cette séparation comme un échec de la prise en charge, peut-être de leur prise en charge, faisant implicitement primer la relation sur notre devoir commun de protéger le bébé.

Une autre grande difficulté pour certaines soignantes est de se retrancher de la mise en scène : le bébé et sa mère doivent être au centre de leur intérêt, de notre écran mental quand nous lisons l'observation. Le piège est de se mettre soi-même sous le projecteur, reléguant ainsi dans l'ombre le bébé et/ou sa mère que le lecteur perd de vue. Or ce sont eux les acteurs. Ce sont eux, la mère et son bébé, que nous devons voir et entendre grâce à la richesse de la description. Pour cela, l'observateur doit s'effacer physiquement, apparaître le moins possible dans la scène décrite. Pour autant, il n'est pas question de nier le fait que tout professionnel ressent des émotions à l'observation d'interactions entre une mère et son nouveau-né. Mais ces émotions ressenties doivent être reconnues comme telles par le soignant, décryptées au fur et à mesure en prenant un recul suffisant par rapport à elles. C'est le va-et-vient permanent entre ce qu'on voit et ce que « ça nous fait » qui permet de décrire la scène sans être submergé par les émotions ; c'est parce que l'observation n'est pas inondée par des affects que l'équipe peut faire son travail d'évaluation sur des éléments à la fois objectivés et ressentis par la soignante.

Que l'observation soit directe ou à travers la vidéo, elle permet à l'équipe, outre une amorce d'évaluation demandant confirmation, de cerner les difficultés de la relation et donc de proposer des soins à la dyade. Citons quelques exemples :

– « contrat nurserie » du bébé, à heures fixes, quelques heures par jour, toute la nuit, de façon à soulager une mère débordée et à soutenir un bébé qui a besoin de calme et de sécurité. Le caractère contenant de la prise en charge par la référente est indispensable au bébé pour se rassembler et calmer sa détresse ;

– haptonomie, notamment quand le portage est défaillant, que la mère et l'enfant se cherchent tour à tour sans se rejoindre, que le toucher est difficile ;
– accompagnement aux soins quotidiens : changes, bains et/ou biberons en fonction des difficultés de la mère, en valorisant les aptitudes maternelles sans pointer sans cesse les manques, sans se substituer à la mère, en devenant « le bras auxiliaire »…

Il nous semble d'ailleurs que ce travail de synthèse fait par l'équipe, parfois douloureusement, à partir des observations, a un impact thérapeutique par lui-même. Sans doute le regard de l'équipe dans son ensemble en est-il changé et sa volonté de prise en charge bienveillante de difficultés maternelles, comprises et acceptées, en soi-même déjà thérapeutique. L'observation directe lue en réunion, ou la vidéo visionnée ensemble, permet, semble-t-il, à l'équipe-tiers de gérer au maximum les aléas contre-transférentiels de la prise en charge.

Le bras auxiliaire : c'est ainsi que nous avons nommé un film présenté au congrès de Budapest en hommage à Emmi Pikler en mars 2003.

On y voit une maman de 41 ans, psychotique, avec son premier enfant, Charlotte, 2 mois, à qui elle donne pour la première fois le bain au bout de deux mois de séjour. Cette patiente, très attachée à son bébé, était à la fois émerveillée et dans une grande difficulté à entrer en contact avec elle, par le toucher en particulier – les premiers jours, elle tournait autour du berceau sans pouvoir prendre sa fille dans ses bras, demandant à d'autres de le faire à sa place.

Charlotte est dans les bras de sa mère. On voit dans le fond les mains de Mireille, l'auxiliaire, faisant couler le bain. Charlotte

regarde sa mère puis tourne son regard et pleure, sa mère lui essuie la bouche en disant « ma fille, ma fille ».
Sa mère l'assoit sur la table à langer, la tient en face-à-face en se penchant vers elle. Mais à part quelques secondes d'échange de regards, accompagné d'un « coucou, coucou » mélodique qui amènent l'ébauche d'un sourire chez Charlotte, la mère regarde vers la référente où en est le bain, puis vers la caméra, puis longuement vers ses pieds. Le bébé ne la quitte pas des yeux. Les regards se croisent à nouveau. Charlotte régurgite un peu de son biberon. « C'est bon le lait… C'est bon le lait. » Charlotte sourit. Sa mère lui essuie la bouche.
Charlotte est allongée à plat dos sur la table à langer. Sa mère la déshabille, le tronc et la tête presque arqués vers l'arrière, les bras tendus, les traits du visage figés par la concentration. Une fois l'enfant déshabillée, le bain a fini de couler. Mireille a vérifié la température de l'eau.
La mère retrousse ses manches longuement. Charlotte la suit des yeux, étendue sur son matelas, détendue, « splendide bébé » dit sa mère. Charlotte gazouille. Elle regardera sa mère, la suivra des yeux pendant que la maman la mouille du cou aux pieds puis la savonne. Ses gestes sont doux, ils effleurent le corps de l'enfant. Toujours la distance du reste du corps, les bras tendus ; le regard concentré sur les gestes se détourne activement de celui de Charlotte au moment de reprendre du savon.
La maman explique au fur et à mesure du savonnage : « J'ai bien appris, c'est pour ça que je suis venue ici, pour apprendre par cœur ; il faut commencer par le cou, les mains, oui ma fille, après on va jusqu'aux pieds – je récite ma leçon – ne pas oublier le dos (elle se tourne vers la caméra), on a toujours tendance à oublier le dos. » La voix est musicale. Le regard de Charlotte ne sait plus où se poser. Mireille se penche alors et lui sourit. « Après les fesses… » Là, le geste devient répétitif : une main maintient le bassin, l'autre frotte toujours la même fesse, et la mère se détourne complètement, s'appliquant à regarder derrière elle. Mireille est toujours présente à l'arrière-plan, à la fois discrète et vigilante.

Puis la mère se retourne vers son bébé et, soudain silencieuse, nettoie la vulve, à la fois délicatement et très attentivement, passe au savonnage des pieds, « Elle a les pieds froids » ; elle revient à la vulve de laquelle elle s'approche de très près en demandant à Mireille de l'aider. Celle-ci dit qu'elle a bien fait, qu'une fois savonné, c'est bon. La maman regarde sa fille, lève un index en disant : « Tu fais bien attention à ce que ce soit propre cet endroit-là, hein ! » Puis elle commence à soulever sa fille pour la tremper dans la baignoire. À mi-chemin, elle dit à Mireille : « Je préfère que ce soit vous qui la baigniez, avec sa tête et tout… » Elle repose sa fille. Mireille prévient alors Charlotte que c'est elle qui va la mettre dans l'eau parce que sa maman a un peu de mal. Là, on voit le bras de Mireille soutenir la tête et le haut du dos de Charlotte pendant que le bras de la maman rince Charlotte puis lui fait le shampooing.

Charlotte, toujours détendue, suçote un doigt en regardant la robinetterie, puis regarde Mireille qui lui parle. Alors la mère se sent suffisamment en confiance pour tenir elle-même sa fille dans l'eau : le bras auxiliaire cède la place au bras de la maman. Charlotte grimace au changement de bras, reprend la même position, jette des petits coups d'œil à sa mère pendant que celle-ci la rince encore une fois, maladroitement en lui aspergeant la figure. Charlotte ne fait que cligner des yeux quand elle reçoit dans la figure de l'eau ou bien les cheveux portés longs de sa mère. On entend Mireille : « Oui, c'est maman qui te baigne. » La maman rit puis dit immédiatement : « Bon on va pas moisir là-dedans ! » Mireille intervient avec doigté : « Elle a l'air bien comme ça dans l'eau, ça lui fait du bien de rester un peu… » La maman retient alors son geste de la soulever de l'eau, la laisse quelques secondes, lui sourit en lui disant : « Tu es bien… et hop là » la sort du bain.

Mireille a préparé la serviette. Puis viennent l'essuyage et l'habillage avec une robe et une veste en laine particulièrement difficiles à enfiler, mais préparées avec soin et amour par la maman qui la présentera fièrement à la caméra : « Elle aime bien être en robe. » Puis, pour conclure : « Quelle épreuve ! »

En quelques mots, voici ce qu'on peut déduire de ce film.

Charlotte est en confiance avec sa référente. Elle connaît sa mère qu'elle accroche du regard sans grand succès et à qui elle s'adapte sans râler. C'est un beau bébé, éveillé, très calme.

La maman avoue elle-même qu'elle passe une épreuve et récite sa leçon. Elle est très peu dans l'échange au niveau du regard. Tout son corps dit que le toucher reste une grande difficulté. Seul le nettoyage du sexe est insistant, érotisé. Elle parle avec des intonations mélodiques, même si elle est souvent décalée dans le sens qu'elle donne au comportement de sa fille, aux capacités qu'elle lui prête : « C'est bon le lait » quand sa fille régurgite ; « Il faut que tu fasses attention à ce que cet endroit reste propre » en désignant le sexe d'une enfant de 2 mois, se projetant probablement dans sa fille. « Elle aime être en robe », lui prêtant des goûts et des sentiments qui sont sans doute les siens propres.

Par ailleurs, le lien existe, Charlotte est bien « sa fille », elle en est fière et veut bien faire.

Quant à l'auxiliaire, Mireille, présence discrète et secourable, elle est prête à relayer la mère par les gestes, les paroles et le regard dès que Charlotte se sent lâchée ; sans jamais une parole négative sur les maladresses de la maman. Elle utilise son savoir pour sécuriser la mère et le bébé à la demande de l'une ou de l'autre et non pour contredire la patiente dans ses interprétations maternelles. Elle reste la professionnelle référente pour que, sous son regard, dans ses bras ouverts, le lien mère-bébé puisse se tisser, fragile, ténu, mais têtu.

En conclusion, notre service a été amené – et le sera encore dans l'avenir – à s'enrichir de nouvelles méthodes, de nouveaux « outils ». La réflexion piklérienne nous nourrit depuis plusieurs années. Elle permet, me semble-t-il, avec d'autres approches, dans les situations difficiles, inextricables tant les intérêts des parents semblent contradictoires avec ceux de l'enfant, que le bébé ne soit pas oublié au profit des adultes (mère, père, personnel soignant, travailleurs sociaux…). Mais le but est aussi qu'il n'y ait aucun perdant, même si placement il doit y avoir, dans cette scène à trois acteurs – les parents, leur bébé, l'institution –, dans cette unité de lieu qu'est le service, dans cette unité de temps qu'est la période périnatale. Nous échouons lorsque, ayant manqué de justesse et de subtilité, nous privilégions l'un des trois partenaires au détriment des deux autres ; lorsque nous « sauvons » un bébé de ses parents maltraitants sans prendre assez d'égards pour leur détresse ; lorsque nous ne considérons pas avec assez d'attention l'inquiétude ou le sentiment de *burn out* des soignants ; lorsque nous ne décodons pas les signaux parfois discrets d'un nourrisson en souffrance.

Les soignants doivent, pour s'adapter et progresser, être tenus au courant des progrès, de ce qui se fait ailleurs, et suivre régulièrement des formations. Mais une des principales bases du travail effectué dans le service est la communication au sein de l'équipe, sous-tendue par l'observation, essentielle pour un regard le plus objectif possible sur la relation mère-enfant. Seuls les échanges, le partage entre les différents membres de l'équipe hospitalière permettent aux soignants de prendre du recul face à leurs émotions en regard des interactions dont ils sont témoins entre la mère et son nouveau-né.

Sylvie Mugnier

Accompagner les relations mère-enfant dans la durée

Les deux textes qui suivent sont plus longs que les précédents. Conçus dans une perspective longitudinale et couvrant des périodes assez étendues, ils s'attachent à décrire de façon très détaillée les séquences au cours desquelles se réalise l'accompagnement des relations parents-enfants par les professionnels, afin d'en mettre en évidence le contexte, la forme et le contenu aussi précisément que possible.

Une pluralité de références a nourri notre réflexion commune et soutenu nos collègues dans leurs élaborations respectives, notamment : Winnicott et ses concepts de *self*, d'environnement, de *holding* ; les post-kleiniens (W. Bion, E. Bick, G. Haag) ; les travaux de Roussillon sur les processus transitionnels ; ceux de D. Stern [1], en particulier autour du

---

Sylvie Mugnier, psychologue clinicienne à la pouponnière de l'IDEF à Bron (69).

1. Daniel Stern, « Le processus de changement thérapeutique », dans Albert Ciccone, Yvon Gauthier, Bernard Golse, Daniel Stern, *Naissance et développement de la vie psychique*, Toulouse, érès, coll. « Mille et un bébés », 2003.

concept de « moment présent » en tant qu'« unité subjective de temps au cours de laquelle il se produit quelque chose d'important, qui aura un effet sur l'avenir » ; ceux de M. Lamour et M. Berger, à propos de la psychopathologie parentale. Autant de points d'appui qui éclairent la réflexion dans l'entrecroisement avec les travaux d'E. Pikler, lesquels ont constitué l'élément fédérateur du groupe, comme le précise l'avant-propos de cet ouvrage.

Les situations présentées comportent similitudes et différences. Winny est accueillie à l'âge de 3 jours à la pouponnière ; Mourad est pris en charge au CAMSP à 20 mois. Winny et sa mère vivent séparément, elles se rencontrent uniquement à l'occasion des visites de celle-ci à la pouponnière. L'accompagnement a donc pour objectif l'aide à la construction de la relation entre mère et enfant, dans l'ici et maintenant de ces rencontres. Mourad et sa mère viennent ensemble au CAMSP. Leur relation est continue et l'accompagnement vise à la soutenir au-delà de la séance, à la maison.

Dans les deux cas, les enfants comme leurs mères se trouvent dans une situation à risques qui rend particulièrement nécessaire l'accompagnement par un tiers.

Winny est exposée à la pathologie psychique de sa mère. Cette dernière, seule face à son enfant, risque de ne plus pouvoir être mère. L'émotion suscitée par les manifestations de l'enfant peut en effet être difficilement tolérable et réactiver des mouvements d'agressivité et de rejet semblables à ceux qui ont été à l'origine du placement.

La lourdeur du handicap de Mourad et la situation familiale amènent mère et enfant, chacun, à développer et à prolonger une relation de grande proximité qui rend difficile l'ouverture à autrui. L'impact du handicap comme blessure insoutenable peut submerger l'un et l'autre, rendre fou.

De manière différente, les deux situations s'inscrivent dans un dispositif institutionnel défini en équipe, qui assure les conditions favorables d'accueil et de sécurité pour la mère et l'enfant :
– accueil individualisé, hors des espaces-temps collectifs ;
– intimité de la rencontre ;
– présence d'un tiers référent, stable auprès de la dyade.

Établi sur ces bases, ce cadre permet un accompagnement effectif et continu de l'enfant et du parent. Dans un certain nombre de cas, il constitue une protection particulièrement nécessaire, au regard des effets vulnérabilisants, voire désorganisateurs, d'un face-à-face direct. Cet aménagement de l'environnement semble réduire les difficultés d'accordage et les facteurs de dysfonctionnements interactifs, favoriser les moments d'harmonisation mutuelle et soutenir la mobilisation des ressources de chacun.

L'observation attentive de l'enfant, « seul » comme dans ses relations avec autrui, organise la démarche et oriente les attitudes de l'accompagnant : à la pouponnière, elle est déjà un outil essentiel du travail d'équipe et de l'organisation institutionnelle dans ses aspects les plus concrets, grâce auquel chaque moment de la vie de l'enfant tend à prendre sa pleine dimension. Au CAMSP, cette pratique est nouvelle pour l'équipe et présente un caractère encore « expérimental ».

C'est *l'attitude intérieure* particulière de l'accompagnant qui est au cœur de ce travail. Elle revêt avant tout la forme d'un *engagement* : il s'agit d'être partie prenante, de s'investir, de prendre soin, dans la durée. Ce tiers qui accompagne offre sa disponibilité. Il accepte d'être « utilisé » au sens de la malléabilité (Roussillon). Cette mise à disposition de l'accompagnant procède d'une attitude réfléchie – tout le contraire de la passivité – qui vise à rendre possible l'émergence de quelque chose dont l'enfant et le parent vont pouvoir se saisir et qui favorise la rencontre entre eux.

La recherche et la capacité d'empathie sont constitutives de l'attitude du soignant, pourtant traversé par des mouvements affectifs contrastés, sinon contradictoires. C'est précisément l'attention continue et conjointe à l'enfant et à son parent qui permet l'empathie et constitue la base d'un accompagnement fiable. Elle rend possible un regard différent qui perçoit, met en lumière, valorise les « petits riens », les signes discrets, ténus, parfois infimes, du développement de l'enfant et ceux des capacités parentales, qui reconnaît et soutient les possibilités de rencontre et d'harmonisation à l'intérieur même de situations qui pourraient être considérées comme catastrophiques et destructrices.

Les connaissances constituent un point d'appui indispensable. Elles sont la source de représentations précises du développement de l'enfant, des étapes qui le jalonnent et des processus qui le sous-tendent. Les travaux de Pikler, relatifs au développement posturo-moteur, à ses conditions, ses enjeux et ses effets sur la construction de l'identité et de l'image de soi chez l'enfant, aident à identifier le rythme propre de son évolution et à ajuster les modalités de l'accompagnement. Celui-ci peut ainsi, en particulier lorsque le développement est entravé ou ralenti par divers facteurs – le handicap notamment –, s'inscrire dans une perspective où parent et professionnel, ensemble, entrevoient puis discernent plus clairement les progrès successifs de l'enfant, en les situant sur un parcours, accompli à petits pas. Dans d'autres cas, plus nombreux et plus banals, l'accompagnement permet d'aider le parent à tempérer ses attentes et ses exigences et à les faire mieux correspondre aux capacités actuelles de l'enfant.

Dans ces conditions, le soignant peut jouer un véritable rôle de tiers, au service de la relation du parent avec son enfant. Il garantit une fonction de protection par sa capacité à contenir les projections parentales et à pouvoir contribuer à leur transformation, à reconnaître ce qui est nécessaire à l'enfant et à soutenir les mouvements adaptatifs du parent, ou encore, lors d'interactions plus directes avec l'enfant, à être le révélateur de certaines des capacités de celui-ci insoupçonnées jusque-là. Porté par le souci de reconnaître les compétences du parent qui s'expriment au cours de ces rencontres, en même temps que les besoins de l'enfant – ceux qui sont reconnus et suscitent des réponses adaptées, mais aussi ceux qui restent ignorés et appellent prises de conscience et ajustements progressifs –, il accomplit vraisemblablement le travail d'un moi auxiliaire pour le parent.

Ainsi soutenu et accompagné, le parent peut accéder à une connaissance plus fine et plus riche de son enfant, intégrant davantage la diversité de ses besoins et de ses capacités. Il devient davantage possible de construire une relation mutuelle plus harmonieuse, au sein de laquelle l'un et l'autre parviennent mieux à la fois à se rejoindre et à se différencier, à exister dans leurs identités respectives distinctes, dans des conditions plus satisfaisantes et plus favorables au « bon » développement de l'enfant.

Jocelyne Roux-Levrat

À la rencontre de Mourad et de sa mère

« L'essence d'un être est ce qui lui était possible d'être…
ce qu'il a à être pour être tel qu'en lui-même. »
H. Maldiney

Les premiers échanges

Leur histoire

Mourad est un enfant atteint d'une encéphalopathie. Sa mère a contracté une toxoplasmose pendant sa grossesse et c'est au sixième mois qu'elle apprend que son fils sera probablement handicapé. Mme L. a six autres enfants d'un premier mariage en Algérie. Le père de Mourad va quitter le domicile alors que son fils a 2 ans ; c'est une rupture extrêmement douloureuse pour Mme L.

Jocelyne Roux-Levrat, psychologue, psychothérapeute.

Un suivi précoce au centre d'action médico-social se met en place alors que Mourad a 20 mois. Il débute par l'accompagnement mère-enfant que je présente ici. D'autres modalités de prise en charge s'adjoindront : kinésithérapie, orthophonie, suivi social.

La recherche du cadre d'accompagnement

Mourad présente une tétraparésie [1] dominante à droite, des raideurs articulaires et des rétractions. Il a également des troubles visuels : acuité visuelle faible, strabisme divergent de l'œil gauche. Il ne se déplace qu'en position horizontale et ne peut se mettre assis. L'origine du handicap n'est pas bien établie, la toxoplasmose n'étant qu'une des hypothèses. Un médecin s'interroge sur la prédominance des troubles psychopathologiques.

D'emblée, cette question est préoccupante : le regard détourné de Mourad, ce temps si long pour établir le contact, ses balancements, cette raideur du corps, comment comprendre tout cela ? Est-ce que ce sont les signes d'une souffrance psychotique installée ? Y a-t-il un risque d'enfermement psychotisant dans une relation mère-enfant fusionnelle ?

Avec et malgré ces interrogations diagnostiques, nous avons pris le parti d'une démarche d'accompagnement qui tentait d'aller à la rencontre de cet enfant et de sa mère, avec comme point d'appui l'attention que nous essayons de donner à chacun, à ce qui s'échange entre eux. Cette attention s'étaye

1. Tétraparésie : atteinte des quatre membres du corps, marquée par une paralysie partielle, une diminution de la force musculaire.

sur des observations au plus près de ce que manifestent l'enfant et sa mère : qui est cet enfant, que ressent-il ? Quelle est sa vie psychique, comment entre-t-il en contact avec les autres, avec son environnement, comment s'exprime-t-il ? Ce cadre devait permettre une découverte progressive au rythme des rencontres régulières.

Il s'agissait donc d'accueillir cet enfant avec toute une dimension d'inconnu, en essayant de résister aux tentatives d'interprétation trop rapides. Cette attitude difficile demande de suspendre son jugement, d'accepter le « je ne sais pas », d'attendre un enfant au rythme très lent, aux modes d'expression restreints. Combien de fois ai-je pensé, en venant lui dire bonjour en salle d'attente, qu'il était « ailleurs », ou bien ne voulait pas me voir… avant de me rendre compte qu'il avait besoin de temps pour comprendre où il était, qui venait lui parler, pour entrer en relation et me le montrer, par un regard, un large sourire, une vocalise, et maintenant, deux ans après, en tendant la main.

Cette démarche se fonde sur les apports cliniques et théoriques concernant l'attention (W.-R. Bion, D. Houzel, D. Mellier), sur l'approche psychanalytique de l'observation du nourrisson selon Esther Bick, et sur l'approche Pikler-Lóczy où l'observation plus phénoménologique est une base essentielle de la compréhension et de la relation à l'enfant.

Voici quelques moments de nos premières rencontres.

Octobre 1997 : Mourad a 20 mois. Premier rendez-vous. Nous sommes nombreux : Mourad et sa mère, l'assistante sociale, l'interprète et moi-même.

D'emblée, Mme L. installe son fils allongé sur le tapis. Mourad regarde au-dessus de lui, à droite, à gauche, se tourne légèrement du côté droit, du côté gauche. Il semble examiner les lieux.

J'ai placé près de lui quelques jouets, sans savoir s'il pourrait les attraper ou s'y intéresser. Il se déplace sur le dos, en prenant appui sur ses talons, mouvements de bas en haut, ou sur la droite.

L'assistance sociale, plus en relation avec la maman, l'invite à parler de son fils et de leur histoire. Je rapproche Mourad de nous et me rapproche de lui, tentant de l'inclure dans ce qui se passe, en « commentant » ce qui se dit entre sa mère et l'assistante sociale. Mourad répond très vite à cet échange oral : il sourit ; ce sourire s'élargit de plus en plus. Un jeu vocal s'instaure entre lui et moi avec des « a… a… a… ».

Mourad semble beaucoup apprécier ce contact de visage à visage, ces échanges de vocalises, de mouvements émotionnels. Il se met à pleurer lorsque j'interromps. Mme L. va alors le prendre et le porter en marchant. Elle le fait souvent à la maison. Elle se réveille la nuit s'il pleure, va vers lui et lui parle. « C'est comme cela que son cerveau ne s'atrophie pas », ajoute-t-elle.

Mme L. voudrait qu'on lui dise ce que va devenir son fils même si c'est dur… Elle passe de rendez-vous en rendez-vous et n'a jamais de réponse sur l'avenir. Marchera-t-il ? Va-t-il devenir fou ?

Décembre 1997 (22 mois)

Mourad, installé sur le tapis, a des mouvements de bras amples. Il cherche à attraper mes cheveux. Il tend ses index, rassemble ses mains, les porte à sa bouche et se tourne sur un côté puis l'autre. Il reste là longtemps dans chacune de ces positions, tétant sa langue, bavant ; est-il dans une exploration de ses sensations buccales ? Nous pouvons entendre quelques bruits de bouche. Il sourit et pousse de petits cris lorsque je lui parle. Quand sa mère l'appelle, il tourne aussitôt sa tête vers elle et lorsqu'elle lui demande de la voix et du geste de se tourner complètement dans sa direction, il va rassembler toute son énergie pour tourner l'ensemble de son corps vers elle.

Mars 1998 (25 mois)

Mourad, allongé sur le tapis, bouge de droite à gauche. Sa mère se demande pourquoi et s'il faut l'arrêter. C'est ce qu'on lui a conseillé s'il y a des balancements.

À ce moment-là, mais il n'en est pas toujours ainsi, il semble plutôt que ces mouvements lui permettent de se déplacer au sol. Ainsi, il avance… il avance jusqu'à la bordure du tapis, sa tête va toucher le sol. Dans cette position, la tête plus basse que le reste du corps, il essaye tantôt de soulever la nuque, tantôt de basculer sur le côté. Il semble explorer diverses possibilités : sentir son corps, l'espace, dans une situation nouvelle. C'est un jeu qu'il fait aussi à la maison, mais le dénivelé entre le tapis et le sol est plus important et sa mère arrête cette expérience par crainte. Je parle de l'intérêt de Mourad pour explorer cette différence, et d'un accompagnement possible pour qu'il ne se fasse pas mal. Je note les particularités du contact par le regard.

Au départ, Mourad ne me regarde pas. Puis, peu à peu, s'installent des temps d'échanges de regards, lorsque le contact est établi, et d'autant plus que mon attention est centrée sur lui. Si sa mère ou moi sommes moins attentives, son regard plafonne. Mais Mourad « revient » lorsque sa mère l'appelle.

À travers ces quelques moments, nous voyons déjà émerger quelques aspects de sa manière d'être, avec lui-même, avec les autres, avec son environnement.

Nous pouvons souligner :
– la richesse de cette position au sol qui lui permet de se déplacer, d'explorer, de trouver l'autonomie qui lui est propre ;
– toute l'intensité de sa concentration sur ses sensations corporelles ;
– le déploiement de toute une activité de penser pour comprendre où il est, ce qui lui arrive. Il a besoin de temps pour cela ;
– la grande sensibilité de Mourad à la relation. Celle-ci peut s'établir grâce à une proximité corporelle, aux échanges de regards, de vocalises, d'expressions du visage. Son « appétit » de contact se conjugue à des vécus rapides de lâchage lorsque les échanges s'interrompent.

Ces premières découvertes ont permis de bâtir le cadre régulier des rencontres et d'en penser le contenu. Nous avons pu constater que ce cadre où peut se déployer l'attention du soignant à cet enfant et à sa mère a été rapidement un soutien pour eux deux. Cette attention n'est pas une écoute passive, elle constitue un véritable soutien narcissique pour l'un et l'autre. Ce regard attentif offre un appui lié à l'intérêt porté à la personne. L'attention permet également de métaboliser les vécus émotionnels plus ou moins élaborés, plus ou moins archaïques. Accueillir, rassembler, tempérer ce qui meut puis émeut l'enfant : sensations corporelles, anxiétés…

L'observation fine de l'activité de Mourad permet de reconnaître, donner valeur à ce qui vient de lui. Il fait l'expérience fondamentale d'être reçu pour lui-même. Dans la dernière séance que nous venons d'évoquer (mars 1998), on peut se demander si Mourad entre tapis et sol n'est pas en train de chercher à sentir et à comprendre les différences, les limites, les séparations : différence de niveau, différence de contact, bord du tapis, profondeur. Quel lien fait-il avec l'éprouvé de son propre corps, distinct du sol, en volume ? Où en est Mourad dans la construction d'un corps différencié du corps maternel ? Cette exploration fait-elle écho à une telle problématique ? Mourad est-il dans une dynamique de constitution d'une identité séparée qui demande plus de temps ? Jusqu'où pourra-t-il cheminer ?

Nous pensons que porter intérêt à ce qui se passe là c'est mieux comprendre et soutenir le cheminement de Mourad vers une intégration progressive d'un corps et d'un psychisme plus à lui. *Aller à la rencontre de Mourad,* c'est s'approcher de ce qu'il est, de sa personne, en tenant compte de « ce qu'il n'a pas », de « ce qu'il ne peut pas »… comme les autres. C'est découvrir ce qui sous-tend son existence, que l'on peut nommer désir, force de vie, comme ce plaisir joyeux de Mourad à bouger ses jambes à toute vitesse, qui fait dire à sa mère : « Tu cours, tu cours. »

Octobre 1998 (2 ans et 9 mois)

Mourad au sol se met sur le côté en passant une jambe sur l'autre. Il utilise ses pieds pour se repousser au sol, lever le bassin ; il essaye de redresser la tête, la nuque, le haut du corps. Il se met à « pédaler », agitant à grande vitesse ses jambes. Et sa maman de dire en s'exclamant : « Tu cours, tu cours. » Je le sens aussi comme cela : dans ce plaisir de la décharge motrice. Nous « jouons » autour de ce « courir ». Mme L. lui propose en imagination un jeu : ouvrir la porte et courir au-dehors. Mourad rit beaucoup, sa maman est très émue, moi également.

Simone Korff-Sausse [2] souligne combien souvent l'enfant handicapé n'est pas reconnu pour ce qu'il est, pris dans deux mouvements où « à l'un des extrêmes la différence est gommée, l'étrangeté annulée », et « à l'autre extrême l'enfant handicapé est désigné comme l'autre radicalement différent, figure de l'étrangeté ou de l'horreur. Ce handicap masque tout le reste de sa personnalité… les autres voient ses déficiences mais ne voient plus ses possibilités ».

Les propositions soignantes
Les enjeux pour le développement psychique

Donner du temps, donner le temps

La temporalité est un facteur essentiel d'une possibilité de développement psychique. Ce temps, dans le cadre du soin, a plusieurs dimensions.

Tout d'abord, envisageons le temps global où s'inscrit le cadre, le rythme d'une succession de rencontres, dans un travail au long cours. Cette régularité, ce retour des temps de ren-

2. S. Korff-Sausse, *Le miroir brisé. L'enfant handicapé, sa famille et le psychanalyste,* Calmann-Lévy, 1996.

contres et de soins permettent de faire vivre et d'intérioriser ce sentiment de continuité d'existence. Cette expérience-là est une des conditions de l'émergence et de la construction du *self*, œuvre de l'enfant soutenu par l'attention d'adultes l'aidant à se rassembler. « Tous les processus d'un enfant bien en vie forment une continuité d'existence, une sorte de film vierge prêt pour l'existentialisme [3]. » Sur ce fondement peuvent s'inscrire des petits changements, des séparations assumables.

La perspective du temps qui s'enracine sur les étapes progressives, c'est la possibilité donnée au déploiement de l'attention du soignant qui recueille les éléments alimentant peu à peu une meilleure compréhension ; possibilité pour l'enfant, son parent, d'une perspective pour inscrire sur un avenir les chances d'autres découvertes, d'autres développements. Ce qui n'est pas là aujourd'hui pourra peut-être advenir demain. C'est le temps du processus.

Nous pourrions par exemple mettre en perspective l'observation de Mourad expérimentant cette position du corps dans le dénivelé entre tapis et sol, et une autre observation quelques mois plus tard où il semble établir un lien entre l'exploration des objets, de son propre corps, et du corps de l'autre. Mourad au sol se place sur le côté droit. Il y reste longtemps, la jambe gauche repliée sur celle de droite. Il soulève le tapis et glisse sa main tout le long du bord, sous le tapis. Il le touche d'abord avec l'intérieur de la main, puis le dessus de la main et enfin l'index. Il se consacre à cette exploration avec intérêt pendant un bon moment. Peu après, il attrape un de ses

3. D.-W. Winnicott, *De la pédiatrie à la psychanalyse*, PBP, 1969 ; *Processus de maturation chez l'enfant*, PBP, 1983.

genoux, puis l'autre. Il tape sur le genou, la cuisse, la hanche gauche avec sa main gauche et procède de la même manière de l'autre côté. Je nomme et touche les parties de son corps qu'il a touchées lui-même. Mourad sourit et vient toucher mes bras, mon visage.

Vient ensuite le temps à l'intérieur de chaque séance :
– le temps de l'observation, de la découverte de l'enfant, que nous avons développé dans le premier chapitre. D. Mellier [4], montre comment ce temps-là est le temps de l'historicité propre à la vie psychique. Il l'oppose à la linéarité du temps objectif ;
– le temps des microrythmes qui donne une qualité particulière aux échanges entre l'enfant et le soignant, qui permet cet espace intersubjectif, offrant une place différenciée à chacun. Nous étudierons cela plus loin ;
– le temps laissé à l'enfant pour se découvrir, découvrir le monde, être l'auteur, l'initiateur. « Chaque bébé a besoin de son temps ainsi que de son rythme personnel pour initier, développer et faire aboutir l'action dans laquelle il s'est engagé. La continuité du mouvement libre, autorégulé, mais en relation avec son entourage, lui permet de constituer une continuité psychique dans la pensée ainsi que dans le sentiment d'existence et d'unité de soi [5]. »

---

4. D. Mellier, « Médiation, temporalité et observation du bébé en psychanalyse et en clinique » dans B. Chouvier (sous la direction de), *Processus de médiation*, Paris, Dunod, 2002.

5. M. Chokler, *L'engendrement de la subjectivité*, thèse de doctorat, décembre 2000.

Ce temps donné à l'enfant pour lui-même et dans la relation nous paraît un élément important pour tout enfant atteint ou non dans son développement. Il semble que le handicap pousse parfois parents et soignants à d'autant plus « presser le pas » pour rattraper le « retard ». Du côté du soignant, il est souvent difficile de se donner le temps, en raison de ces doutes, de ces découragements, de cette « dépression » devant des progrès parfois si lents, avec des inquiétudes concernant les aspects psychopathologiques, les limites du développement de l'enfant.

Se mouvoir par soi-même

Mme L., très soucieuse du bien-être de son fils, a d'emblée compris qu'il était important pour lui d'être au sol. Nous avons soutenu cette manière de faire et installions Mourad allongé sur le dos lors des séances. Cela nous amenait aussi à nous asseoir au sol. Nous avons été attentives à toutes les tentatives de Mourad pour se déplacer, nous avons porté intérêt à tout ce qu'il trouvait par lui-même pour se mettre en mouvement. En effet, nous pensions qu'ainsi Mourad s'appropriait vraiment un corps à lui, et que cela lui permettait de renforcer son sentiment d'existence, d'être au monde.

Les travaux d'Emmi Pikler [6] ont montré toute l'importance pour l'enfant de pouvoir développer sa motricité de sa propre initiative, à son propre rythme, et trouver par lui-même ses modalités de déplacement et les différentes postures. En outre, Emmi Pikler a souligné que l'enfant était capable de

6. E. Pikler, *Se mouvoir en liberté dès le premier âge*, Paris, PUF, 1979.

découvrir tout cela à partir de sa propre expérience. L'enfant est alors dans la continuité de ses propres sensations de son propre corps, et plus globalement de son propre développement. Il peut habiter son désir d'aller vers le monde.

La place de la motricité autonome dans la construction du *self* est une perspective qui paraît avoir aussi une pertinence pour les enfants porteurs de handicaps moteurs, même lorsque cette motricité est fortement entravée. Il semble tout à fait profitable de laisser émerger et se développer la part de motricité possible, celle propre à l'enfant, si minime soit-elle. La part d'autonomie que l'enfant pourra conquérir est au service de la confiance en lui, de la possibilité de compter sur lui, de l'affirmation de lui-même, de son pouvoir sur son corps et son environnement. Cela n'exclut pas d'autres aides au déplacement, aux postures. Le moment de leur proposition est à réfléchir pour que cela n'entrave pas le mouvement spontané de l'enfant, mais que cela permette en temps voulu une ouverture au monde extérieur, à la vie sociale.

Quelques auteurs ont repris les recherches et perspectives d'Emmi Pikler pour les réinterroger dans le contexte du développement global des enfants porteurs de handicaps : Myrtha Chokler, psychomotricienne, professeur de psychologie sociale et de psychopathologie à l'université de Buenos Aires, ou encore Monica Aly à Berlin. Geneviève Haag [7], quant à elle, a effectué des recherches sur la construction du moi corporel chez l'enfant handicapé : « Le développement chez un enfant avec un ou des handicaps, si lent soit-il, suit les mêmes voies

7. G. Haag, « Prévenir les surhandicaps psychiques des handicaps, entre le déficit et le moi corporel », revue *Contraste*, n° 1, ANECAMSP.

que celui de toute personne humaine, et ce développement commence par ce moi corporel qui se construit par l'incorporation des liens relationnels, la reprise pour lui-même de l'expérience relationnelle, mais aussi par la possibilité d'initier son propre geste. » Elle insiste sur l'importance du repérage, dans l'observation de l'activité spontanée de l'enfant, des indices du développement du moi corporel et psychique, de ses expériences exploratoires.

L'activité motrice participe à la construction du moi corporel, du *self*, identité de base du jeune enfant. Le mouvement corporel est aussi un mouvement psychique. L'enfant construit peu à peu, à travers ses sensations, ses mouvements, une peau à lui, un volume corporel, un intérieur et un extérieur du corps ; il se détache du sol, comme du corps maternel. Il découvre l'espace qui n'est pas un vide, mais le lieu de « l'aller vers » : vers l'autre, vers l'environnement, lieu de séparations et de retrouvailles. Le mouvement des mains, par exemple, construit l'espace devant l'enfant, la profondeur. C'est une reprise de la présence et de l'éloignement « maternel ». Le mouvement est aussi lié à la pulsionnalité, il est la première manifestation des ressentis internes, des émotions.

La part que peut prendre l'initiative de l'enfant est fondamentale car elle conditionne le sentiment de s'appartenir, d'avoir la possibilité d'être auteur, qui permet la construction du sujet. C'est un « contrepoids » face aux stimulations parfois excessives visant à dynamiser le développement de l'enfant. Le mouvement que l'enfant peut générer par lui-même participe à la capacité d'accéder au symbolique. Le corps en mouvement est accession à une parole corporelle. Madeleine Vabre a mis cela en évidence dans son article, « À Lóczy, se mouvoir destine l'infans à exister ». René Roussillon [8], dans ses recherches sur les processus de symbolisation primaire, souligne ce travail psychique effectué à partir du soubassement sensori-perceptivo-moteur.

Mourad

Lorsqu'il a 20 mois, Mourad se déplace en se glissant sur le dos et en prenant appui sur ses talons. Peu à peu, il se tourne sur le côté, pour y rester des temps de plus en plus longs. Il replie ses jambes, les croise, pédale. Il se déplace aussi en pivotant au sol sur le dos. Pour se repousser, il prend appui non seulement au sol, mais aussi sur le mur, un pied de table, sur les genoux de la personne assise près de lui. Ses déplacements sont de plus en plus amples, il va de plus en plus loin. Il peut prendre appui de sa main gauche pour se repousser.

Mourad progresse dans une maîtrise de plus en plus précise de son déplacement et de ses positions. Il a découvert un jeu qui le passionne avec la porte de la pièce où nous nous rencontrons : l'ouvrir, la fermer ; il trouve un grand plaisir à la déplacer lui-même et à observer son mouvement. Pour ce jeu, il va ajuster son corps d'une manière très fine : sur le dos, il se positionne pour attraper le bord de la porte avec son index. Au fur et à mesure que la porte bouge, il glisse son corps pour la laisser passer puis se réinstalle pour aller la chercher, pour pouvoir la pousser sans gêner son passage. Il s'ajuste « au milli-

---

8. R. Roussillon, *Paradoxes et situations limites de la psychanalyse*, Paris, PUF, 1991.

mètre près ». Et il prend grand plaisir dans ce geste plein d'énergie de faire claquer la porte.

Lorsqu'un fauteuil lui est proposé, un peu avant 5 ans, Mourad va arriver à actionner son mouvement avec sa main gauche, la plus habile. Le fauteuil ne peut donc tourner que dans un sens. Malgré cette difficulté, Mourad va parvenir à le déplacer en tenant compte des distances, des murs, des meubles.

Plus tard, il va aussi utiliser sa main droite pour faire avancer et diriger son fauteuil. On peut émettre l'hypothèse que ce qui a facilité cette maîtrise du fauteuil, c'est ce que Mourad a commencé à construire : habiter un corps à soi, se le représenter, pouvoir l'explorer et mentaliser l'espace et sa profondeur (tridimensionnalité, G. Haag et D. Meltzer).

L'activité, le jeu de Mourad

Nous allons maintenant aborder cette autre proposition, celle de soutenir l'activité, le jeu spontané de Mourad avec cette hypothèse que pouvoir agir, jouer, transformer par soi-même est précieux pour le développement de la personne, pour l'affirmation de son existence. Soutenir l'activité spontanée de Mourad, c'est à la fois porter attention à l'émergence de son mouvement, de sa gestuelle, et proposer objets, jouets, installations et situations de jeux adaptées à ses intérêts et à son développement. Cette perspective implique donc toute une dialectique entre observation et proposition.

Au départ, nous ignorions comment Mourad allait pouvoir développer son jeu. Nous avons mis à sa disposition quelques objets et l'observation a permis de faire de nouvelles propositions.

Nous ne pouvons dissocier le jeu de Mourad de l'ensemble de sa motricité. C'est le développement d'une motricité dont il est l'auteur et l'acteur qui lui a permis de développer son jeu. Et c'est l'intérêt pour les objets qui l'a amené à se déplacer. La position sur le dos lui a donné stabilité, sécurité favorable à la concentration et à l'exploration. Nous soulignons cette influence réciproque entre se mouvoir et jouer.

L'observation de l'activité de Mourad n'est pas facile car elle renvoie à un monde plus dépouillé, où il y a comme une décondensation des sensations, des perceptions et des actions. Nous nous retrouvons un peu comme avec un bébé et il nous faut du temps pour nous rendre compte d'une foule de détails intéressants, que nous avons du mal à identifier, car ils n'entrent pas *a priori* dans un sens directement accessible. L'observation nous amène à une régression à des niveaux premiers, archaïques, de sensations, perceptions, de vécus corporels, d'émotions, de manifestations de besoins, du vouloir. Comment Mourad se saisit-il du monde qui l'entoure ? Cette saisie du monde chez le tout-petit passe par le regard, la bouche, les mains, tout le corps. Chez Mourad, nous pouvons reconnaître des étapes d'évolution très semblables à celles de tout jeunes enfants qui n'ont pas de handicap. Le jeu comme le mouvement se développent par petites transformations que l'on ne voit qu'en observant finement. Ces microévolutions sont le signe de changement du rapport à soi, à l'autre, au monde.

La perception de ces tout-petits « pas pareils » permet d'être témoin du processus de développement de l'enfant et de le soutenir. C'est aussi une source de patience pour le soignant face aux doutes et au découragement.

À 20 mois, Mourad rassemble ses mains, les porte parfois à sa bouche (il n'a plus voulu très tôt ni du biberon, ni de la sucette). La main gauche, comme tout le côté gauche du corps, est plus souple, plus mobile ; la main droite est souvent fermée, mais Mourad peut, à certains moments, tenir les deux mains ouvertes l'une contre l'autre. Il tend les bras vers sa mère, vers son visage et tente d'attraper ses cheveux, ses boucles d'oreilles, ou des parties de son vêtement. C'est plus tard nos doigts qu'il va attraper et tenir. Cette « saisie » de l'autre, ce jeu avec le visage, le corps, est une étape préalable aux jeux avec les objets de l'environnement. Mourad a souvent du mal à prendre en main, à tenir, même du côté gauche. Il contrôle mal le mouvement global de sa main, mais va pouvoir se servir surtout de ses index comme pince. Mourad pousse les objets et aime qu'on les lui renvoie. Sa mère a installé à la maison un ballon sur un tissu recouvrant une chaise. Mourad tire le tissu, le ballon tombe, il éclate de rire et attend pour reproduire ce jeu.

C'est avec beaucoup d'émotion que je découvre un jour la précision d'un geste volontaire et dirigé par une intention. Mourad saisit avec l'index gauche qu'il replie une enveloppe mise à sa disposition par sa mère au sol. Il la soulève en direction de celle-ci. L'efficacité de ce geste me touche beaucoup car je sens qu'elle est pour cet enfant très valorisante.

Mourad va donc pouvoir se saisir d'objets très fins comme le papier, le tissu. Il joue aussi avec des objets beaucoup plus importants qu'il peut mettre en mouvement. Il ne parvient pas à maîtriser son action sur des objets de grandeur intermédiaire, les pousser est la seule façon d'agir sur eux. Une grande caisse en plastique est à côté de lui. Mourad la fait basculer contre lui ou vers l'extérieur, avec le plat de la main ou avec son index agrippant les rebords. Dans ce jeu, nous pouvons remarquer le lien qu'il cherche à établir entre l'objet, son propre corps et la présence de l'autre, témoin, miroir. Mourad a examiné longuement la main gauche avec laquelle il a déplacé la caisse, puis il va toucher sa tête et se tourner vers moi, assise derrière lui. Parfois, nous avons le sentiment que c'est avec son corps entier qu'il « saisit » le jouet, l'objet, comme quand il joue de tout son corps avec une poussette de poupée dont il fait le tour et qu'il pousse en toutes directions. Mettre en mouvement paraît chez Mourad une source d'intérêt et de plaisir profond : agir, transformer, créer, penser.

Plus tard, Mourad va nous étonner avec un jeu très réfléchi et précis. Ce sont toutes les étapes intermédiaires qui semblent l'avoir préparé. Depuis quelque temps, il s'intéresse aux portes coulissantes d'un grand placard. Sa mère lui en a montré le mouvement et il a cherché à les faire bouger lui-même à plusieurs reprises. Cette fois-là, Mourad, en arrivant, se déplace sur le dos jusqu'à ces portes. Son intérêt est là. Il bat des pieds, tape du poing sur la porte. Il appelle sa mère, lui prend la tête de ses deux mains, tire son pull pour qu'elle amorce le glissement de la porte. Puis, lui-même va pouvoir démarrer le coulissement avec son index. Il lui faut comprendre la direction de la force qu'il doit appliquer pour la faire bouger. Il ajuste l'ensemble de son corps et il est de plus en plus rapide pour l'ensemble de son action. Il s'intéresse alors au contenu du placard et pointe son index vers l'intérieur.

Mourad va découvrir la deuxième porte à l'arrière-plan et la fait se déplacer de droite à gauche. Puis il déplace alternativement porte du fond, porte de devant. Nous voyons là se mettre en mouvement la pensée, à partir du concret des objets, leur résistance, leur déplacement : pensée corporelle, pensée préverbale, représentations cognitives, représentations fantasmatiques. Myriam David et Anne Tardos [9] ont bien montré ces liens entre activité et pensée.

À travers ces jeux dont il est l'auteur et accompagné par l'attention de sa mère ou d'un soignant, Mourad se construit. C'est tout un travail d'intégration, de personnalisation, de symbolisation qui est à l'œuvre. Nous pouvons voir passer sur le visage de Mourad, dans son regard, son attitude, des états de « méditation », des temps de pause habités d'une intériorité qui font dire : « À quoi tu penses ? »

Les échanges relationnels

Quelques observations

Dès le départ, je remarque que la rencontre des regards n'est pas évidente avec Mourad. En tout cas, dans les premières approches, son regard est souvent ailleurs. Comme nous l'avons noté, il entre en contact d'une manière privilégiée avec ses mains qui indiquent son intention de relation : il tend ses mains vers le visage de sa mère, celui de l'interprète, le mien, cherche à saisir les cheveux, les joues, le nez, les vêtements. Plus tard, il pourra toucher, effleurer avec son index le visage

9. M. David, A. Tardos, « De la valeur de l'activité libre du bébé dans l'élaboration du self », *Devenir*, vol. 3, n° 4, 1991.

de l'autre. Mourad est passé d'une emprise, d'une tentative d'incorporation de l'autre, à une capacité de contact où chacun est à la fois semblable et différent, où il y a une peau pour chacun.

Nous allons le voir, quand ses possibilités de déplacements seront bien maîtrisées, se diriger vers l'interprète, s'installer sur le ventre et tendre le front, les joues vers le visage de cette personne.

Les vocalises sont un mode d'échange privilégié : dialogues vocaux entre Mourad et sa mère, Mourad et moi, dialogues de sonorités à partir d'un frappé de la main au sol initié par Mourad. Les sons sont parfois alternés, parfois conjoints avec des variations contrôlées de rythme.

Début octobre 1999 (3 ans et 9 mois)

En salle d'attente, Mourad ne réagit pas beaucoup lorsque je m'approche de lui et essaie d'entrer en relation. Son visage reste immobile, ses yeux sont ailleurs, que se passe-t-il pour lui ? C'est lorsque je m'installe à côté de lui dans la pièce habituelle et que je reste là sans me déplacer que Mourad me sourit.

Lorsque le cadre ou les personnes sont mouvants, Mourad s'immobilise. Il a besoin de pouvoir sentir une certaine stabilité, une capacité de maîtriser l'environnement pour se laisser aller aux échanges relationnels. C'est ce contexte favorable que nous essayons de créer autour de Mourad pour qu'il puisse entrer en relation, et pour que ses expériences relationnelles soient riches d'émotions partagées. L'aménagement que nous sommes amenées à instaurer avec cette attention si soutenue souligne aussi toute cette fragilité psychologique de Mourad.

Un peu plus tard dans cette même séance, après avoir joué avec une panière, il se tourne vers moi et émet des sonorités que je reprends. Un grand temps d'échanges se met alors en place : « de… de… de… ». La mère apprécie beaucoup, souhaite que ce dialogue se prolonge entre lui et moi. Elle lui demande : « Parle-lui, parle-lui ! » Mourad cherche à attraper mes cheveux, mon pull, puis joue avec ma main, mon bras qu'il déplace avec une grande production sonore.

Sa mère s'interroge sur ce qui se passe dans la tête de Mourad. Est-il « retardé » ? Est-il « fou » ? Elle voit bien, dit-elle, qu'il réfléchit et trouve que c'est difficile de ne pas savoir à quoi.

Fin octobre 1999

Mourad est en lien avec l'interprète. Installé sur le côté, il a redressé sa tête et reste longtemps en contact avec elle. Il lui touche le visage, la bouche, attrape son pull, sa chaîne, écoutant ce qu'elle lui explique, se tendant vers elle. Au bout d'un temps, Mme L. se tourne vers moi et je commente cette relation intense et plaisante en insistant sur le fait que nous pouvons nous sentir un peu délaissées. Mourad écoute, se tourne vers moi, touchant mon visage. En écho, je touche son visage et passe de lui à moi : son menton, le mien, son nez, le mien, etc.

Il est extrêmement attentif, immobile. Ce n'est pas une absence, c'est une autre manière d'être là, dans une intériorité très dense. Mme L., réclamant probablement sa place dans les échanges, commence à parler avec l'interprète d'un chauffeur de taxi qui les a conduits ce matin d'une façon très brusque et violente. Je me joins à ces échanges en perdant alors un peu le contact avec Mourad. Il se met à se balancer, se rapproche du mur… il y a probablement pour lui, à ce moment-là, le sentiment d'être lâché. C'est une expérience difficile pour Mourad, car il perçoit que sa mère n'est pas toute à lui ; elle est mobilisée par autre chose : la scène avec le chauffeur de taxi qui peut représenter sur le plan fantasmatique une scène primitive. Cet « ailleurs » permet que quelque chose se passe pour Mourad. Il ne s'effondre pas et parvient peu à peu à construire un espace d'autonomie.

À ce moment-là, lorsque sa mère lui propose un jeu, celui de la porte, il est très vite présent, vivant, dans cette activité et dans la relation.

Puis, plus tard, Mourad va de plus en plus s'éloigner de nous pour trouver son propre jeu : avancer en se glissant sur le côté dans un couloir étroit, ou bien se diriger dans le fond de la pièce pour jouer seul avec le rideau.

Est-ce un vécu de séparation qu'il tente de maîtriser par ses propres moyens, un espace personnel, une activité propre qu'il est en train de construire dans une certaine différenciation, une certaine autonomie pour lui-même et sa mère ?

La construction et l'évolution de ces échanges

Il a fallu avec Mourad trouver les modalités d'approche qui permettent d'établir une relation. Trouver le comment d'une relation est une démarche faite d'observations, de tâtonnements. L'attitude observante dans l'échange avec l'enfant, échange de regards, de parole, de geste, introduit un rythme autre, un ralenti qui donne le temps à l'enfant pour prendre place. Suspendre son geste pour attendre celui de l'enfant… recherche d'accordage. La pratique du « maternage insolite » de la pouponnière Lóczy est précieuse d'enseignement pour conduire cette approche-là.

Si, en abordant Mourad, je ne lui laisse pas suffisamment le temps de comprendre ce qui se passe pour lui, le temps de se mettre ou non en relation, de donner ou non une réponse à cette proposition de rencontre, nous risquons de passer à côté l'un de l'autre. La richesse de ces temps relationnels avec l'enfant est aussi un soutien pour sa mère. Le soignant est également conforté dans son travail par la qualité de ces échanges où il va trouver lui-même plus d'intérêt, de plaisir.

Nous avons perçu combien Mourad avait besoin d'une centration de l'attention sur sa personne, comme fond pour constituer les bases de son sentiment d'existence. Et nous avons pu constater à plusieurs reprises des angoisses d'abandon d'une grande intensité lorsque cette attention se relâchait. Le soignant permet aussi à Mourad de trouver un miroir vivant, humain, qui l'aide à se rassembler, à se trouver lui-même. Ce qui est renvoyé à l'enfant c'est une image de lui-même, imprégnée de la subjectivité de l'adulte qui l'accompagne, de ses pensées, de l'intérêt qu'il lui porte, du plaisir et parfois des difficultés qu'il ressent dans cette relation. Il s'agit d'une image de lui-même transformée par la relation à une personne contenante.

M. Th. Kardos, dans un article portant sur les retards d'organisation du raisonnement chez les enfants infirmes moteurs cérébraux à polyhandicaps [10] s'interroge sur le « brouillage de pensée et des objets à penser » chez ces enfants.

10. M. Th. Kardos, « Retards d'organisation du raisonnement chez les enfants infirmes moteurs cérébraux à polyhandicaps et tentative de prise en charge », *Neuropsychiatrie de l'enfance*, 33, 1, 1985.

Son hypothèse est qu'ils ont « une difficulté particulière à trouver et exprimer un rythme propre : pulsion, désir, mouvement, son, etc. qui soit saisi, reconnu, et accepté par l'autre et par là même renvoyé en écho ». Elle a développé une « technique de prise en charge fondée sur le renvoi en écho des gestes, postures, paroles de l'enfant » qui permet que s'opère le renforcement de l'identification narcissique.

Nous retrouvons là une pratique qui renvoie à cette fonction miroir du soignant attentif. Celui-ci se présente aussi comme « malléable ». Grâce à ce caractère particulier, il peut être utilisé par l'enfant et introjecté. Nous nous référons au concept de René Roussillon de médium malléable présenté dans son ouvrage *Paradoxes et situations limites de la psychanalyse* [11].

Mourad va montrer pendant longtemps certains aspects de lui-même témoignant de la fragilité d'un *self* qui nécessite un étayage important. Cela est source pour nous d'interrogation, d'inquiétude quant à ses capacités d'intériorisation, quant aux limites de son développement psychologique. Malgré ces doutes, nous essayons de persévérer et d'avoir la patience de lui accorder ce soutien sur un temps qui se prolonge pour consolider ce travail d'intégration de sa personne. Le handicap et les conséquences psychiques pour l'enfant, pour le lien parents-enfant rendent souvent bien plus long ce temps d'intégration. Mais au fur et à mesure qu'il grandit et vit d'autres expériences (accueil en halte-garderie, suivi d'autres professionnelles), Mourad présente des aspects plus solides, plus construits de sa personnalité. Vers 4 ans et demi, il élargit

11. R. Roussillon, *op. cit.*

son champ d'exploration, cherche à sortir des pièces pour s'aventurer dans les couloirs et d'autres lieux. Il peut jouer seul, et manifeste plus fortement et plus clairement ses émotions. Il semble pouvoir entrer dans une « position dépressive » où peuvent s'exprimer chagrin et colère.

Nous sommes témoins de moments d'affirmation de sa personne, de l'émergence de sa volonté avec des refus, des désirs. Tout cela indique aussi la nécessité d'introduire d'autres propositions relationnelles où l'adulte ne s'adapte pas trop vite à lui, lui laisse plus d'espace personnel favorisant la possibilité de compter sur lui-même. L'enfant doit aussi pouvoir rencontrer résistance, fermeté, axe paternel auprès de l'adulte qui l'accompagne. Le parent et le soignant ont leurs propres nécessités, leurs propres limites ; il y a des séparations, des désaccordages. Une dialectique entre malléabilité et solidité est à trouver.

Un petit groupe parents-enfants est proposé à Mourad lorsqu'il a 5 ans, ainsi qu'à Mme L. : Mourad y rencontre deux autres enfants et leurs mères. Les premières séances sont difficiles. Mourad va d'abord jouer seul, loin de tout le monde. Un jour, il arrive le premier avec sa mère. Lors de l'entrée de la petite Carole, il va montrer son mécontentement : sur son visage passe une expression de désagrément. Il s'approche d'elle, touche son visage d'un mouvement brusque, attrape et tire avec force le pantalon de Carole, ce qui fait réagir vivement Mme L. qui gronde son fils.

La maman de Carole prend sa fille dans ses bras ; elles sont sur le passage de Mourad qui veut rejoindre ses jeux habituels. Il tente encore de la pousser avec beaucoup de vivacité.

La maman de Mourad, dans ce temps de groupe, reste parfois avec son fils, parle parfois avec les autres mères, ou s'intéresse aux autres enfants.

Mourad explore la pièce, joue seul tranquillement. Le contact avec les autres enfants se met en place parfois par petites touches.

Le soutien parental

Dans cette situation, il nous est vite apparu que l'accompagnement de l'enfant, en présence de sa mère, soutenait celle-ci dans la relation à son fils. L'intérêt porté à Mourad, à son « développement », à son « grandir » est pour Mme L. un grand réconfort narcissique. L'intérêt pour Mourad rejaillit sur elle et nourrit sa confiance en ses propres capacités maternelles.

À l'intérieur de ces séances et à la maison se met en route toute une circularité des observations et de l'attention autour de Mourad : nous, recueillant la compréhension fine de sa mère ; elle, s'appuyant sur notre regard, nos commentaires, pour pouvoir donner valeur à ce qui émerge de lui, reconnaître ses possibles, le percevoir pour lui-même, différent d'elle avec sa propre intentionnalité, son propre désir.

Nous avons pu vivre toute l'importance du partage des ressentis, des émotions autour de Mourad. L'intérêt du soignant à rencontrer cet enfant, à jouer avec lui est perçu par sa mère qui peut s'appuyer sur la joie ressentie pour se l'autoriser pour elle-même. Nous avons souligné plus haut cette fonction de contenance de la douleur parentale apportée par l'attention du soignant, qui peut permettre la mise en route d'une dynamique élaborative. Chez Mme L. coexistent la conscience douloureuse de l'état de son fils et un étonnement, un intérêt, une joie à le voir vivre, bouger, jouer, sentir et réfléchir. Il semble même que la douleur écrasante de cette mère peut devenir une souffrance représentable lorsqu'elle perçoit, alors même qu'il y a tellement de déficits chez son fils, tout son potentiel, et au fond cette force de vie qui l'anime.

Dans la séquence qui suit, nous allons voir comment Mme L. peut dire sa révolte devant l'état de son fils, sa colère contre nous, et aussi puiser dans ce qu'elle reçoit de la vitalité de son fils, présente « malgré tout », un élan pour continuer.

Mars 2000 (4 ans et 2 mois)

Depuis quelque temps, est discuté au CAMSP l'intérêt d'une flèche qui permettrait à Mourad d'être verticalisé à certains moments et de se déplacer debout. Pour les médecins, la verticalisation est nécessaire afin d'éviter les déformations du dos et des hanches, le poids du corps permettant aux hanches d'être en place.

Depuis une semaine, Mourad utilise cette flèche à la maison : c'est un appareillage prêté, et il s'agissait d'un essai. Avant notre rendez-vous, Mourad est installé dans la salle d'attente du CAMSP dans cette flèche et il se déplace dans les couloirs, repoussant le sol avec ses pieds positionnés en pointe. Sa tête est la plupart du temps basculée en arrière.

Nous commençons l'entretien avec la kinésithérapeute que j'ai invitée à venir pour parler de cette flèche.

Mourad, les premiers jours, n'arrivait pas à se déplacer avec ; puis, peu à peu, il a réussi à s'en servir, notamment dehors. Mme L. est ravie qu'il puisse être dans le parc avec d'autres enfants et leurs vélos ; il a pu aller toucher les voitures garées le long des trottoirs. Mme L. est radieuse et nous comprenons peu à peu qu'elle pense qu'il parviendra à marcher grâce à cette flèche.

Puis Mme L. va entendre nos interrogations sur les avantages et les inconvénients de cette flèche. La kinésithérapeute voyant la position de Mourad dans cet appareillage, et notamment sa tête rejetée en arrière, juge que, finalement, ce n'est pas vraiment bon d'un point de vue orthopédique. Ces interrogations médicales et orthopédiques, les différents points de vue des professionnels résonnent avec nos propres questionnements. Je les développerai en dernière partie.

Mme L. perd peu à peu son enthousiasme ; son visage se décompose, elle pleure et dit sa désillusion… C'était l'espoir de la marche pour Mourad. Elle ajoute qu'elle est prête à renoncer si ce n'est pas bon pour lui. Mme L. est en colère : personne ne lui dit jamais si Mourad va ou non marcher… La kinésithérapeute a bien déjà dû voir d'autres cas comme lui ! Elle pense que peut-être on sait, et qu'on ne veut pas lui dire…

Nous parlons avec beaucoup de précautions de ce qui a déjà été dit par les médecins : qu'on ne peut connaître précisément comment Mourad va développer sa motricité, que chaque enfant a son développement propre, mais qu'il sera probablement difficile que Mourad marche comme les autres enfants. Mme L. a beaucoup de chagrin et je prends du temps pour l'écouter.

Mourad est très actif au sol. Sur le dos, il s'approche de cette porte qui l'intéresse tant. Il la montre du doigt, s'avance un peu plus et tape dessus. Il se met sur le ventre et roule avec aisance, maîtrisant l'arrivée de sa tête au sol. Sur le ventre, il redresse son buste haut. Ensuite il se met à jouer avec moi : me touche le nez, puis s'éloigne en roulant et en riant, me cherche du regard, rit, se rapproche, essaye d'attraper ma main. Veut-il la repousser, prendre appui dessus, sentir sa résistance ? Je tâtonne pour comprendre le sens de la pression qu'il exerce. Il tape sa main au sol. Dialogue musical dans la production alternée à l'unisson de vocalises. Mme L. nous regarde ; peu à peu, elle semble reprendre le moral, sourit, rit.

Je parle avec elle de tout ce que nous voyons là ensemble et de la manière dont elle l'aide quand elle est aussi attentive à lui proposer ce qui lui convient (installations, jeux, échanges). Et je dis : « Mourad marche à la manière de Mourad. »

Épilogue

Un accompagnement s'est poursuivi au CAMSP jusqu'aux 5 ans et demi de Mourad. Ce petit garçon et sa mère ont continué à cheminer.

Nous voyons Mourad à 5 ans jouer devant le miroir en notre présence. Il reprend des jeux vécus en relation avec les soignants : jeux de frappés de mains, gestes de la chanson « petit moulin ». Couché sur le côté, il peut regarder ses mains en les bougeant, le bras et la jambe qui ne sont pas au sol, alternativement dans le miroir puis sur son propre corps, nous regarder aussi dans le miroir, puis se tourner vers nous. Tout cela n'est-il pas l'expression d'une prise de conscience de sa personne en tant que « je » ?

Un peu plus tard, il peut entrer à l'intérieur d'une petite maison en bois placée dans le groupe d'enfants, y rester et observer avec beaucoup d'attention l'intérieur, les murs, la lumière qui y pénètre. Sa maman, très émue de cette attitude de « méditation », s'approche et lui demande de l'inviter dans sa maison à lui. On peut penser à tout un cheminement qui a permis à chacun d'eux de trouver cette maison-intériorité de plus en plus personnelle.

Nous pouvons espérer d'autres transformations possibles, d'autres évolutions. Mais, bien sûr, les limites sont là, corporelles et psychiques. Jusqu'où Mourad pourra-t-il aller ?

La mère nous parle de cet avenir représentable lorsqu'après la circoncision, très bouleversée par l'événement, elle dit que son fils a grandi, que maintenant « il a fait le baptême ». Elle ajoute avec humour qu'il va pouvoir se marier. Elle pense à un jeune homme de son voisinage qui se déplace dans la rue en fauteuil roulant. Elle a voulu aller le voir, lui parler, pensant à Mourad plus tard.

Quelques considérations générales

La spécificité d'une démarche

Essayons de dégager les aspects spécifiques de cette démarche d'accompagnement que nous avons essayé de mettre en place pour Mourad et sa mère.

— *L'observation et l'attention sont la base de la démarche*

L'observation permet de percevoir et de soutenir les détails du développement de l'enfant, les petites étapes, les petits changements, ses modes d'expression et de relation. Elle est la base d'un dialogue, d'une rencontre avec un enfant que l'on comprend mieux. L'attention nous met en contact avec la vie émotionnelle de l'enfant, elle favorise contenance et transformation psychique.

Observation et attention ont été le support d'une persévérance ébranlée certaines fois par le doute, les sentiments d'impuissance.

Le diagnostic

L'interrogation sur un risque ou une organisation psychopathologique a été présente tout le long de ce suivi : ce type d'accompagnement était-il suffisant pour prévenir ou enrayer un risque psychotique que nous craignions à certains moments ?

Mais il paraissait en même temps évident que la précision de l'observation et le support de l'attention étaient des « outils » indispensables pour une meilleure compréhension de la vie psychique de cet enfant. On peut se demander si un diagnostic posé au préalable d'un soin n'a pas certaines fois un effet enfermant qui limite la rencontre avec l'enfant.

L'attitude de suspens du jugement est une ouverture qui fait contrepoids à ce risque. C'est du temps que l'on se donne pour construire une compréhension nourrie par ce que nous percevons de l'enfant. Le diagnostic se travaille à partir de l'observation et s'affine dans le cheminement avec l'enfant.

On pourrait faire l'hypothèse que cette modalité d'accompagnement, tout en permettant de mieux comprendre la vie psychoaffective de l'enfant, réalise tout un travail de prévention et même de soin psychique. Ce soin, fruit d'un accompagnement attentif, est précisément présenté dans un article de Patrick Mauvais, « Des soins au long cours soutenus par l'observation partagée : histoire de Sonia [12] », ainsi que dans un écrit de Natacha Kukucka et Geneviève Appell [13] ».

Un intérêt premier pour ce qui vient de l'enfant

Ce mouvement même involontaire, cette émergence d'une initiative, cette amorce du geste, ces vocalises, ce regard sont compris comme prémices ou promesse d'un enfant auteur, acteur, sujet. La place de l'initiative de l'enfant est centrale : reconnaître et soutenir cette initiative renforce le sentiment d'existence de l'enfant, le sentiment de sa propre valeur.

Les propositions sont là, mais ajustées à l'enfant, modulées par l'observation : propositions d'échanges relationnels, de jeux, propositions d'explorations, de connaissances.

L'importance donnée aux temps de « maternage » lorsque l'enfant est « dans les bras » du parent, du soignant, qui le porte, l'habille, le lave, le nourrit…

Cet aspect-là de la démarche a été très peu abordé dans l'accompagnement de Mourad, ce qui constitue probablement une lacune. Nous voulions cependant souligner que c'est aussi une dimension à prendre en compte à part entière.

Ces temps d'échanges corporels permettent à l'enfant « d'endosser » une enveloppe corporelle et psychique, d'intérioriser des contenus émotionnels, de construire une sécurité

12. D. Mellier (sous la direction de), *Observer un bébé : un soin*, Toulouse, érès, coll. « Mille et un bébés », 2001.

13. N. Kukucka et G. Appell, « L'observation de l'enfant en pouponnière », *Journal de la psychanalyse de l'enfant*, n° 12, *L'observation du bébé*, Bayard Éditions, 1992.

interne. Tout cela sera d'autant plus solide, qu'existera une qualité du *holding* et du *handling*, une qualité des échanges où l'enfant est reconnu comme véritable partenaire, dans le respect de ses initiatives. Comment faire en sorte que des enfants aussi dépendants soient dans ces temps-là sujets et non objets de soins ? Cette approche-là peut se vivre directement avec les soignants au moment des séances dans les temps de déshabillage ou d'habillage, dans le portage et l'installation de l'enfant.

Mais c'est aussi l'objet d'une réflexion et d'une recherche avec les parents. Comment les aider dans cette voie-là ? Comment leur permettre de trouver un meilleur ajustement postural, tonique, qui facilite une détente, une disponibilité mutuelle favorable aux échanges affectifs, émotionnels ?… Ce qui est si difficile à trouver lorsque les troubles neuro-moteurs sont à l'origine de raideur, de contractions, de limites gestuelles. Peut-être en leur permettant de sentir et de comprendre leur propre vécu corporel et émotionnel en même temps que celui de leur enfant, dans telle position, tel maintien, tel toucher ? Peut-être aussi en leur offrant cette possibilité de s'identifier au soignant qui cherche à s'ajuster à l'enfant et être dans l'échange à partir de l'observation.

La place de la motricité

Le mouvement spontané de l'enfant ainsi que ses possibilités de déplacement avec l'autonomie qui est à sa mesure nous paraissent essentiels pour le processus d'intégration psycho-corporelle.

L'approfondissement des travaux d'Emmi Pikler en direction d'une recherche spécifique concernant les enfants porteurs de handicap nous semble précieux. Quels seraient les apports, pour le développement global d'enfants ayant différents handicaps, de propositions de « maternage-portage » et d'installation qui favoriseraient, en même temps que leur détente et leur sécurité, le mouvement spontané et l'autonomie qui est à leur mesure, et cela dès les tout premiers mois ?

Il y aurait à réfléchir au comment de ces propositions à partir d'observations partagées parents-soignants. Voici quelques exemples :

– une approche conjointe des interactions corporelles et maternantes dont nous avons parlé plus haut ;

– des temps d'installation de l'enfant qui ne s'assoit pas de lui-même et qui ne se déplace que d'une manière limitée, allongé sur le dos avec un appui ferme, base de sécurité et point de départ éventuel d'une possibilité de mouvement avec l'accompagnement d'un adulte attentif. Quand cette proposition « d'horizontalité » est faite plus tard à des enfants habitués à la position assise, elle doit être aménagée d'une manière très progressive. Nous avons pu voir des enfants retrouver des débuts de mobilité ou plus d'aisance corporelle dans cette position-là, grâce à un appui et à un équilibre maximal donné par le plat dos. Certains ont pu développer retournements et roulades. Il serait intéressant de recueillir le point de vue médical pour examiner les conséquences orthopédiques de cette installation qui favorise la motricité spontanée ;

– donner du temps à l'enfant lorsqu'il lui est possible de progresser de lui-même, pour construire à son rythme ces évolutions motrices, sans hâter le processus, et en veillant à ce que des stimulations non adaptées ne viennent pas interrompre cette dynamique. Cela n'exclut pas un accompagnement gestuel lorsqu'il s'avère nécessaire : soutien du mouvement venu de l'enfant avec une main qui suit, offre un toucher, un appui que l'enfant peut utiliser, par exemple lorsque l'hypotonie est importante, en cas de paralysie d'une partie du corps ; installation d'un enfant porteur d'une infirmité motrice cérébrale dans une position qui favorise la détente et évite un schème d'extension. C'est l'observation qui permet de trouver le geste adéquat non intrusif.

L'appareillage

Cela nous amène à nous interroger sur l'utilisation des appareillages pour les jeunes enfants handicapés (trotteur, verticalisateur, flèche, fauteuil, siège moulé…). Certains ont une utilité orthopédique, d'autres constituent une aide au déplacement, d'autres encore associent les deux fonctions. Ce qui est également recherché, c'est une installation qui permette à l'enfant d'être assis avec un maintien pour des temps particuliers.

Plusieurs appareillages contribuent à la participation à la vie sociale : pouvoir se déplacer dans les lieux publics ou dans la rue.

L'utilité de tel ou tel appareillage n'est pas à démontrer dans un certain nombre de situations où il apporte confort, autonomie, autres possibilités relationnelles.

Cependant, il paraît nécessaire de continuer à se demander précisément, pour chaque enfant, à quel moment de son développement, et à quel moment du quotidien, tel ou tel appareillage serait un gain pour lui. Là encore, il nous faut affiner l'observation de cet enfant-là, pour mieux prendre en compte la globalité de son développement.

On peut s'interroger par exemple sur le vécu de Mourad installé dans une flèche où il lui est si difficile de compter sur son propre corps, où il est plus « suspendu » qu'en appui puisque ses pieds sont en pointe. Quelles sont ses sensations internes ? A-t-il construit un *self* suffisamment solide pour se sentir en sécurité dans cette suspension ? Nous avons vu par contre que Mourad pouvait avoir une tout autre maîtrise du fauteuil roulant qui lui a été proposé peu après.

Le développement de l'enfant

Les représentations du développement de l'enfant et de ses étapes sont d'une grande importance dans cet accompagnement à grandir qu'assument parents, professionnels, institutions. Elles influent fortement sur les attitudes éducatives et le positionnement des adultes vis-à-vis des enfants qu'ils ont à élever et à soigner. Ces représentations qui mettent en perspective le devenir de l'enfant sont un appui qui donne sens au quotidien. Elles peuvent être source de confiance dans le processus, dans « le temps qu'il faut » pour grandir.

Cependant, ces représentations peuvent contribuer à figer des attitudes éducatives dans une attente exigeante de ce que devrait être l'enfant : tenir sa tête, marcher, parler, encastrer, connaître ses couleurs, etc. Certes, il s'agit de repères nécessaires, mais ils peuvent restreindre notre regard.

Chez l'enfant qui a un handicap, la représentation de son développement est mise à mal par tous les incertains liés à ses limites corporelles, mentales, psychiques. C'est une entrave à une nécessaire projection dans l'avenir. Toutes nos représentations du développement ordinaire risquent de soumettre l'enfant à l'épreuve de nos attentes évaluatrices. On pourrait dire de Mourad « qu'il ne fait rien », ou qu'il est dans la stéréotypie quand il ne joue pas comme on attendrait qu'il joue à son âge. Or, nous avons vu qu'il y avait dans ses différentes activités toute une créativité personnelle, et que son jeu était en évolution constante vers du plus complexe. Pour percevoir cela, il faut regarder finement ce qui se passe.

Nos représentations de l'humain nous rendent parfois insupportable l'état d'un enfant trop différent et peuvent nous entraîner dans une tentative désespérée de faire entrer l'enfant dans la communauté des hommes par des exigences néfastes lorsqu'elles désapproprient l'enfant de son propre corps, et ne respectent pas ce long processus de construction de l'identité qui passe par cette appropriation d'une peau, d'un corps et d'un psychisme différenciés. Ces premières étapes de la formation du moi prennent plus de temps chez les enfants lourdement handicapés et demandent une attention de longue haleine.

Plusieurs auteurs, s'appuyant sur leurs expériences cliniques, ont montré que ce processus psychique n'est pas différent chez l'enfant porteur de handicap. Le rythme en est plus lent, les limitations sont là, mais dans le fond, on peut compter sur ce travail d'intégration et de personnalisation qui se construit dans la relation à l'autre, et grâce à ses propres expériences « d'être au monde ».

L'observation, comme les propositions qui en découlent, constitue une protection contre les risques de stimulations excessives, car elle permet d'être à l'écoute de ce qu'est l'enfant. Elle met en contact avec les limites qui lui sont propres, mais aussi avec cette force vitale souvent présente en même temps que le handicap. C'est la source d'une confiance dans les ressources personnelles de l'enfant qui va transformer le mode d'accompagnement.

La modalité d'accompagnement présentée dans ce texte peut être une démarche périlleuse, lorsque les équipes malmenées par la rencontre quotidienne avec la blessure du corps et du psychisme de ces enfants, et avec la souffrance de leurs parents sont insuffisamment soutenues. Une réflexion serait à mener sur les conditions institutionnelles de la mise en place de telles pratiques.

Monique Casini

Grandir à la pouponnière : l'accompagnement de Winny dans les rencontres avec sa mère

Le cadre de la pouponnière

L'institution qui accueille Winny s'est donné, depuis une dizaine d'années, un double objectif :

– d'une part permettre à l'enfant accueilli de poursuivre son développement par la mise en place d'une prise en charge réfléchie, favorisant la construction de son identité, selon les principes largement inspirés de la pédagogie d'E. Pikler élaborée à partir des observations et des recherches avec l'équipe de Lóczy ;

– d'autre part permettre à l'enfant de garder une place au sein de sa famille en soutenant la relation à ses parents. En effet, même si les parents ne représentent pas toujours pour l'enfant un élément de sécurité, ils sont le lieu où s'origine son histoire

Monique Casini, psychologue, foyer départemental de l'enfance.

et, à ce titre, représentent une continuité pour lui. Lors d'une journée départementale sur le thème « Les liens familiaux et la séparation », organisée en janvier 1995, l'équipe de la pouponnière a présenté comment le service s'est organisé pour garantir à l'enfant le maximum de sécurité tant physique que psychique aux différents moments de sa vie dans l'institution. La différenciation des lieux est apparue comme un moyen intéressant à mettre en place.

C'est ainsi que l'on distingue :

– les lieux des enfants ;
– les lieux des parents ;
– les lieux « spécialisés ».

L'espace des enfants comprend les lieux de vie et les lieux du jardin d'activités. Ces lieux ne sont pas accessibles aux parents, ni en principe aux personnes extérieures du service. Cela représente pour l'enfant une garantie par rapport à ce qu'il peut manifester et vivre dans ce lieu qui préserve ainsi son intimité. Pour certains enfants victimes de violences, cela contribue à installer la sécurité indispensable à la mise en route de relations significatives. Cela donne aussi du sens au travail auprès de l'enfant. En effet, il devient possible de l'aider à grandir, à pouvoir se centrer sur lui-même, à se dégager un minimum de la problématique familiale, s'il sait qu'il est protégé.

L'espace des parents : il est tout aussi nécessaire que l'enfant sache que ses parents peuvent être accueillis à la pouponnière, qu'ils ont une place. Les espaces de visites ont été aménagés pour être le plus agréable possible.

Les lieux « spécialisés » : ces lieux présentent la caractéristique de pouvoir être « utilisés » à la fois par les enfants et par les parents, donnant à chacun des moyens d'interpeller. Ce sont : l'espace de l'autorité occupé par le chef de service, l'espace médical occupé par le pédiatre et la puéricultrice, l'espace psychologique occupé par la psychologue et enfin l'espace de visites accompagnées.

Concernant cet aspect particulier du maintien du lien, de nombreux travaux, dont ceux de M. Berger et M. Lamour, ont contribué à spécifier l'approche de ce travail auprès des parents qui présentent ce que M. Lamour nomme « une psychopathologie de la parentalité ». Pour ces parents, la rencontre avec leur enfant réactive des souffrances d'enfant qui altèrent leurs compétences parentales au point de rendre difficile et déroutant pour eux comme pour l'enfant un moment de retrouvailles pourtant attendu. Sans soutien à ces moments forts, enfant et parents se trouvent débordés par une angoisse qui peut être désorganisatrice voire destructrice du psychisme de l'enfant comme de celui des parents.

C'est dans le souci du soutien à la parentalité que, depuis 1994, l'institution a mis en place un espace de visites accompagnées (Mardi-Miel) qui permet à plusieurs parents en même temps de rendre visite à leur enfant dans un lieu repéré où il est possible de jouer, de prendre le goûter, de changer leur enfant – si besoin – en présence de deux professionnelles (éducatrice de jeunes enfants et psychologue) chaque mardi après-midi.

Toutefois ce cadre de rencontres ne convient pas à toutes les problématiques parentales ; lorsque la pathologie mentale est avérée ou prégnante, l'institution propose un accompagnement individuel. C'est ce qu'illustre l'accompagnement des rencontres entre Winny et sa mère pendant les dix-sept mois de séjour à la pouponnière.

Avant d'aborder plus précisément comment s'est déroulé le travail d'accompagnement, je commencerai par une présentation de Winny et de sa mère.

Winny

Winny a 3 jours lorsqu'elle arrive de la maternité conduite par sa mère, soutenue par le travailleur social qui a suivi la grossesse.

Winny est née à terme, son développement staturo-pondéral est harmonieux. Elle apparaît comme un bébé plutôt tendu et à qui un temps de relation long est nécessaire pour pouvoir se détendre et « s'animer ». On observe, dès son arrivée, un temps de latence long et une lenteur des gestes lorsque l'adulte la sollicite et l'on fait l'hypothèse d'une attitude adaptative (se donner le temps d'évaluer l'état émotionnel de l'adulte proche pour s'y ajuster) qui évolue vers une certaine « retenue » dans l'expression de ses affects. Cela est particulièrement ressenti par le professionnel référent. Lorsque Winny a 4 mois, elle manifeste davantage le plaisir d'être en relation : rires, éclats de rire ; son visage est plus souvent expressif. Elle est présente dans les soins. Il lui arrive encore de présenter un visage totalement inexpressif comme un « masque » sans que cela apparaisse toujours provoqué par un événement extérieur. Les tensions corporelles demeurent – elle se cambre aussi en arrière – malgré l'attention portée par les professionnels qui la prennent en charge. La manière dont son regard « s'accroche » à sa main pendant plusieurs semaines fait penser à une insécurité intérieure qui perdure. À l'approche des 6 mois seulement Winny s'intéresse aux objets qu'elle ne porte à sa bouche qu'un mois plus tard en même temps que le pouce. Son développement est plutôt lent et requiert toute l'attention de l'équipe.

Sa mère

La mère est une jeune femme qui vit seule et refuse tout soin pour elle-même. Compte tenu de son état psychique les derniers mois de sa grossesse (états confusionnels, refus de soins, absence d'anticipation par rapport au bébé, etc.), un médecin et une sage-femme de la PMI l'ont accompagnée dans la perspective d'un accueil de son bébé à la pouponnière, avec son accord, dans le cadre d'un accueil provisoire. C'est dans cet esprit que Mlle P. était venue visiter le lieu de vie et rencontrer le chef de service de la pouponnière avant la naissance de Winny. Au moment de la naissance, son état psychique s'est détérioré (elle n'a pas reconnu le médecin présent avec elle) lorsqu'elle a rencontré l'inspecteur de l'ASE pour la signature du contrat ; celui-ci a considéré qu'il y avait lieu de faire intervenir le juge des enfants. Mlle P. a eu le sentiment d'être trahie ; ce qui a très longtemps alimenté une forte colère envers les travailleurs sociaux.

Mlle P. éprouve d'extrêmes difficultés à différencier son bébé d'elle-même – on peut penser à une structure psychotique. Chaque détail concernant sa fille la ramène à elle, bébé, petite fille ou adolescente. Elle apporte par exemple des vêtements à elle lorsqu'elle était bébé et veut absolument les voir porter par sa fille malgré les différences de stature manifestes.

Elle reste très envahie par ses préoccupations personnelles, sa souffrance qu'elle manifeste le plus souvent d'une façon bruyante voire violente.

Ses difficultés majeures ont des conséquences sur le mode relationnel qu'elle met en place lors des visites à son bébé et qui se caractérise par une forte imprévisibilité :

– des contrastes existent tant dans le registre émotionnel que dans la disponibilité de la mère, d'une visite à l'autre et même d'un moment à l'autre à l'intérieur d'une même visite ;

– les réponses sont souvent « décalées » par rapport aux manifestations de sa fille, en lien semble-t-il avec des projections massives ;

– les échanges de regards entre la mère et sa fille demeurent rares et le plus souvent de courte durée ;

– ses demandes sont contradictoires et exigeantes. Par exemple, elle dit vouloir être seule avec Winny en début de visite tout en entretenant la conversation avec l'accompagnante.

Dès l'arrivée de Winny à la pouponnière, la mère manifeste son refus du placement dans le registre de la colère avec une certaine violence verbale dirigée vers tous les intervenants indifféremment.

Elle a beaucoup de difficultés à se centrer sur son bébé, ses gestes sont plutôt brusques et inadéquats ; toutefois, l'accompagnante présente à chaque visite note qu'il existe à chaque fois environ dix à quinze minutes – pas forcément en continu – pendant lesquelles la mère peut « voir » son bébé, en tout cas lui porter un intérêt. Winny manifeste une capacité à saisir ces instants pour entrer en relation avec sa mère par le regard qu'elle pose sur elle, même si c'est brièvement. Dès les premières visites, Winny pose d'abord des regards furtifs puis de plus en plus appuyés sur l'accompagnante qui est là, comme si progressivement elle parvenait à identifier la fonction de soutien occupée par ce professionnel.

L'équipe s'appuie sur ces observations et intègre également les décisions judiciaires – à savoir six visites hebdomadaires « en présence d'un tiers » les deux premiers mois, puis trois visites toujours « en présence d'un tiers » – pour proposer le cadre des rencontres entre Winny et sa mère.

Le cadre

Dans ses aspects fondamentaux

Deux fonctions repérées comme fondamentales et expérimentées dans le cadre de Mardi-Miel sont reprises ici :
– la fonction de contenant : le fait de retrouver à chaque visite les mêmes professionnels, dans les mêmes lieux contribue à créer un sentiment de sécurité propice à l'établissement d'une relation de confiance, autant chez les parents que chez l'enfant. Les professionnels tendent à recevoir les angoisses de l'un et l'autre partenaire dans une « présence organisatrice » ;
– la fonction de médiation : le professionnel accompagnant se trouve en position de tiers dans la relation parent-enfant, il sert de support aux projections de l'un et de l'autre, tendant à diluer les tensions émotionnelles trop fortes. Il contribue ainsi à apaiser les relations et à permettre à l'enfant d'alimenter son « capital de souvenirs agréables » comme le dit Winnicott.

Dans ses modalités concrètes

Les rencontres ont lieu dans le *même espace* les tout premiers mois, là où la mère peut donner le bain à son bébé comme elle le demande.

Puis les deux visites de l'après-midi se situent dans un espace plus vaste qui rend possible le change, le goûter, le jeu. En fin de séjour, les visites se feront dans un espace parent/enfant extérieur à la pouponnière en intégrant progressivement le travailleur social référent de la situation à l'ASE (Aide sociale à l'enfance) pour l'une des visites hebdomadaires, cela afin de préparer la suite des rencontres lors du départ de Winny en famille d'accueil.

Trois professionnelles (qui ne prennent pas en charge le bébé au quotidien) se relaient pour assurer l'accompagnement des visites pendant toute la durée du séjour de Winny (dix-sept mois). Elles ne sont pas dans une fonction maternante et en conséquence se tiennent plus à distance des résonances émotionnelles et affectives liées à la relation proche avec l'enfant. Cela permet aussi à l'enfant d'identifier l'accompagnant dans cette fonction spécifique. À travers les rencontres régulières avec les maternantes, les accompagnantes acquièrent une connaissance des différents aspects du développement de Winny.

Participent également au cadre : les liens nécessaires entre les professionnelles qui se relaient dans le travail d'accompagnement afin d'assurer la continuité indispensable à la mise en place du travail psychique ; des liens aussi entre les professionnels proches de l'enfant au quotidien, et ceux qui sont présents aux rencontres parents/enfant. Cela est mis en place afin que les différents aspects de la vie de l'enfant puissent être reliés pour lui dans le sens d'une unification.

Dans ses aspects plus « intérieurs »

Les repères clairs résultant du cadre proposé, tout comme la connaissance du développement du jeune enfant, des comportements préverbaux et des modalités particulières d'expression de Winny, constituent un appui pour l'accompagnante qui peut alors se trouver plus disponible psychiquement. L'attitude d'empathie, à travers l'acceptation de ce qui est susceptible de surgir pendant les rencontres, tend à favoriser les mouvements affectifs interactifs à l'œuvre entre les partenaires en présence. On peut faire l'hypothèse que la sécurité donnée par le cadre proposé contribue à l'établissement d'une confiance qui, en se consolidant au fil du temps, participe à la fonction de soutien.

Fragments d'observations pour préciser certains aspects de l'accompagnement

Les observations relatées ici se situent après plusieurs mois de visites. La mère connaît bien l'accompagnante et a pu acquérir une certaine confiance dans l'institution qui prend en charge sa fille.

À l'époque où se situe l'observation qui suit, Winny a 7 mois, elle amorce le retournement dos-ventre sans y parvenir tout à fait ; cela fait plusieurs semaines qu'elle parvient à faire passer un jouet d'une main à l'autre ; elle est plus active dans son lit que sur l'aire de jeu où elle semble un peu passive : elle passe du temps à sucer un objet ou son pouce en regardant autour d'elle, allongée sur le dos. Elle semble amorcer le rassemblement haut/bas du corps : en effet, elle redresse fréquemment et avec une certaine concentration ses deux jambes à la verticale.

Première observation dite « du pouce »

Ce jour-là, la mère est arrivée souriante et détendue, avec un peu de retard ; elle a donné le bain à Winny bien que ce soit déjà le moment du repas. Sa mère tarde à l'habiller ; Winny, allongée sur la table de change, patiente en suçant son pouce. Brusquement sa mère retire le pouce de la bouche de Winny qui ne bronche pas. « Je veux pas que tu fasses ça ! » Elle fait alors référence à sa mère qui la tapait quand elle faisait cela et que « ça déforme le palais ». J'explique qu'à mon avis cela peut permettre à Winny d'attendre et que les bébés font cela habituellement. Après un petit temps, Winny remet son pouce en bouche, sa mère le lui retire tout aussi brusquement. Aucune expression ne se lit sur le visage de Winny. Ayant pris le temps de peser le mot, je dis : « Ça c'est violent ! » sur un ton que je veux mesuré. Le mot « violent » provoque la réaction vive de la mère qui précise qu'elle ne lui a pas fait mal, qu'elle ne la serre pas…

Winny reste silencieuse, sans expression particulière, juste un regard vers moi qui précise que la violence vient de ce qu'elle prive brutalement Winny du moyen qu'elle a trouvé pour attendre son repas. La mère finit d'habiller sa fille. Pendant le repas qui vient ensuite, Winny a tendance à protester entre les cuillerées jusqu'au moment où elle met son pouce en bouche. La mère marque un temps d'arrêt, Winny enlève alors son pouce et tend la bouche vers la cuillère ; et le repas se poursuit.

Arrêtons-nous un moment sur cette séquence « du pouce » : tout d'abord le choix du mot « violent » correspond à une volonté de ma part d'arrêter la mère dans ce qu'elle fait subir à son bébé, tout en nommant ce qu'elle lui fait subir. Ce que nous connaissons des modes de réaction de Winny m'amène à considérer que l'absence de réaction de celle-ci serait liée davantage à des processus défensifs. C'est pourquoi j'interviens là, sans attendre un signe de sa part. L'amorce de confiance établie avec Mlle P. me laisse penser que le mot « violent » peut être supporté par elle.

S'ensuit un échange avec la mère qui indique la prégnance de son histoire personnelle mais parallèlement une préoccupation positive à l'égard de sa fille (référence à la déformation du palais) même si elle se manifeste sur un mode inadéquat. On pourrait dire que la mère de Winny est à la fois dans une position d'identification à sa mère et dans une certaine indifférenciation par rapport à sa fille et que se trouve posée en filigrane la question de sa propre identification.

En même temps (un moment plus tard), l'acceptation par la mère que Winny mette son pouce en bouche la conduit à attendre que sa fille ôte le pouce pour continuer le repas. Ce meilleur ajustement au besoin de son bébé est-il en lien avec l'échange sur son histoire ou est-il un élément d'un processus à l'œuvre depuis le début de nos rencontres ?

De plus, il paraît possible de supposer que Winny a pu s'appuyer sur ce qu'elle a senti de la tonalité de l'échange pour se risquer à renouveler la tentative de mettre le pouce à la bouche en présence de sa mère ; cette expérience d'un comportement toléré par sa mère n'est pas sans importance pour cette petite fille dans la construction de la relation à sa mère.

Une autre séquence après celle dite « du pouce » intervient dans la suite de ce même repas alors que Winny a 7 mois. Vers la fin du déjeuner, Mlle P. étant très enrhumée est obligée de s'interrompre pour se moucher ; elle finit par me demander d'achever de donner la compote à sa fille. Winny est alors mi-allongée sur les genoux de sa mère, appuyée contre elle, détendue ; je me suis rapprochée ; comme Mlle P. me tend la cuillère et que Winny n'amorce aucun mouvement pour se redresser, je m'accroupis face à elles et commence à proposer les cuillères de compote à Winny qui continue d'ouvrir sa bouche tranquillement. La mère remarque que Winny ouvre mieux la bouche que lorsque c'est elle qui le fait ; elle ajoute qu'elle a tendance à la forcer un peu (elle fait référence à des goûters qu'elle lui donne l'après-midi) et que « Winny gueule ». Ce qui amène un échange sur les ajustements nécessaires à trouver pour permettre à Winny de prendre ses repas avec plaisir ; c'est en tout cas ce que nous cherchons à faire avec elle, chaque jour dans le service.

Dans cette séquence, l'accompagnante s'est impliquée dans une intervention directe auprès de l'enfant, juste à l'endroit proposé par la mère, c'est-à-dire uniquement dans le geste de donner les cuillerées de compote à l'enfant et sans la déplacer des genoux de sa mère.

L'indication en a été donnée d'ailleurs et par la mère qui me tend la cuillère et par Winny qui reste exactement dans la même position… Je ne fais que m'inscrire dans l'espace proposé, laissant se dérouler un moment que je ressens comme harmonieux et ajusté entre la mère et l'enfant.

Dans cette première observation, l'accompagnement revêt des formes variées : cela peut être une parole, un geste, une intervention concrète et limitée ou une absence d'intervention.

Winny a 9 mois Elle est devenue capable de se mettre à quatre pattes même si elle ne peut que reculer en poussant sur ses bras ; elle s'assied de la même manière en écartant ses jambes et en se poussant sur les bras. Elle prend plaisir à être en relation au moment des soins, des jeux de nourrice. Elle enrichit son vocabulaire des syllabes « ca », « la », « pin pin ». Les préoccupations de l'équipe restent autour du langage corporel (fortes tensions, gestes brusques, non déliés) et de ses cris stridents qui surgissent tant à des moments de plaisir que de déplaisir sans qu'il soit toujours aisé aux professionnels proches de Winny de décoder ce qu'elle exprime. La recherche du sens de ce qui se manifeste à travers les observations partagées en équipe soutient l'intérêt porté au processus de développement de ce bébé.

La deuxième observation permet d'explorer la notion de tolérance

La première séquence de cette observation commence au début de la visite, alors que Winny est assise sur les genoux de sa mère qui s'exclame : « Le nez de ma fille est toujours sale ! » Elle ajoute : « Je veux pas que ma fille soit gênée pour respirer, je vais te nettoyer » et elle allonge Winny sur la table à langer. Celle-ci se laisse faire. Elle met du sérum physiologique :

« Vous allez voir, elle ne pleure pas quand je lui mets » (elle fait référence à d'autres visites avec une autre accompagnante). Winny secoue la tête, toussote. Comme la mère se saisit d'un coton-tige, j'explique à Winny qui se débat un peu et me regarde : « Maman t'embête vraiment avec ton nez, mais elle ne peut pas s'en empêcher. » Winny supporte à peu près tout en bougeant un peu ; cela dure quelques minutes. Je dis : « Je crois vraiment que ça peut être fini. » La mère répond : « Non, il faut qu'elle puisse respirer » et en même temps jette le coton-tige définitivement.

Première remarque : on voit que Mlle P. s'obstine à nettoyer le nez de sa fille sans pouvoir prendre en compte les mouvements de protestation de celle-ci, ni même ce qui lui est dit, tant elle ne parvient pas à se décentrer de ce qui, à ce moment-là, est important pour elle. Parallèlement, on peut supposer que Winny s'autorise à protester – même si ce n'est pas très fort – en prenant appui sur l'accompagnante qui intervient lorsque celle-ci la sollicite par un regard. Des mots sont mis à l'adresse de Winny sur les gestes intrusifs subis mais aussi à l'adresse de la mère avec l'intention d'atténuer ce qu'elle pourrait ressentir comme trop négatif, d'autant qu'il existe une référence positive à son geste (souci que sa fille respire). En même temps, la mère doit en entendre quelque chose puisqu'elle jette le coton-tige, juste après l'intervention.

On peut considérer qu'à ce moment-là l'accompagnant est davantage identifié à l'enfant et moins à la mère.

Une autre séquence au cours de cette même visite : Winny va prendre son repas, assise sur les genoux de sa mère. Celle-ci prend le bavoir, le pose sous le cou de sa fille, me regarde en manifestant qu'elle ne peut pas le mettre. Je dis : « Vous voulez de l'aide ? » en même temps que je noue le bavoir autour du cou de Winny. Mlle P. répond : « J'ai toujours peur de serrer… »

Autre remarque : au début de cette seconde séquence, lorsque la mère exprime ses peurs par rapport à sa fille, le fait à la fois de prolonger son geste (attacher le bavoir) à sa demande et « d'accueillir » le fantasme de violence à l'égard de son enfant a peut-être procuré un apaisement des tensions de la mère en rétablissant un climat de sécurité lié à la confiance établie entre nous qui aide la mère à s'exprimer sans risque pour elle.

Tout cela permet vraisemblablement de poursuivre le repas.

Winny est installée, mi-assise, appuyée sur le bras gauche de sa mère. « Y a encore pas de viande, d'après ce que je vois, elle en a pas souvent ! » Je précise que ce jour-là, c'est du gruyère râpé mais que la veille elle a mangé du poulet mixé. La mère attend bien que Winny ouvre la bouche pour introduire la cuillère ; de temps en temps, Winny se raidit en arrière en émettant un son sourd puis se redresse tout en continuant de manger. La mère lance sur un ton plutôt brusque : « Pourquoi elle fait ça ? Y a pas intérêt que ma fille soit nerveuse ! » Je dis : « Je n'ai pas de réponse, là, comme ça, mais sûrement que cela a un sens pour Winny… »

Le fait de partager avec la mère que je ne peux pas répondre précisément à la question qu'elle pose marque une préoccupation commune à elle et à moi de nous situer dans une tentative de compréhension de sa fille. L'alliance entre la mère et l'accompagnante autour de la recherche du sens des manifestations de Winny peut-elle contribuer à la constitution d'un espace psychique aidant à la différenciation mère/fille ? Il m'apparaît aussi nécessaire d'adresser à Winny que j'entends bien que ce comportement a du sens, ce qui confirme l'attention portée à sa personne.

Le repas se poursuit, Winny progressivement s'allonge (j'ai l'impression que le bras de la mère fléchit) et une de ses jambes glisse entre les jambes de la mère ; elle me paraît inconfortablement installée mais je ne dis rien. Un peu plus tard, vers la fin de la purée, Winny est quasiment allongée, une jambe pendante, elle essaie de redresser la tête mais sa mère ne le voit pas. Je suggère alors que Winny serait sans doute plus à l'aise si elle était un peu redressée. La mère accepte la proposition : cela semble convenir à Winny qui termine ainsi la purée.

Au cours de cette séquence, l'inconfort de Winny m'apparaît rapidement, mais je me résous à attendre pour intervenir, par exemple lorsque l'enfant va donner un signe que je puisse comprendre comme un appel. Il me semble que ce retrait de ma part, non dénué d'une présence attentive, est une manière de m'ajuster au temps de la mère et de l'enfant, dans ce qu'elles ont à vivre ensemble. Lorsque Winny manifeste son inconfort, je peux faire une proposition qui est acceptée par la mère et qui convient à l'enfant.

Encore un peu après, alors que sa mère tarde à lui présenter les cuillères de yaourt, Winny bat des bras violemment : « Tu vas pas te mettre à taper, qu'est-ce qu'elle a à faire ça ? » Je réponds que les bébés s'expriment avec leur corps et que les gestes qu'ont tous les bébés peuvent exprimer des choses différentes selon le contexte et selon la connaissance que l'on a du bébé et que là, c'est peut-être de l'impatience.

Par rapport aux manifestations de Winny, Mlle P. pose une question au lieu d'empêcher les mouvements, cela constitue plutôt une ouverture… Cela donne en effet l'occasion à l'accompagnante d'apporter des éléments de réponses qui vont dans le sens de favoriser une certaine acceptation de ce que manifeste sa fille.

Tout à la fin de ce même repas où Winny a mangé tout ce qui était servi, il y a un biberon d'eau préparé sur le plateau. La mère n'y prête pas attention… J'attends un peu puis suggère de donner à boire à Winny. Avant même que j'aie eu le temps de préciser sa façon de boire habituelle, elle met la tétine dans la bouche de Winny qui semble boire pendant de longues secondes. La mère retire le biberon, Winny tousse un grand coup, recrache l'eau, devient rouge en s'étouffant presque. Je dis : « Oh, tu n'avais peut-être pas si soif… »

On peut considérer que l'intervention de l'accompagnante ne s'imposait pas et même qu'elle a pu induire cette conduite un peu brusque de la mère et du même coup la réponse conforme de Winny qui aboutit finalement à une mauvaise expérience. On voit combien est subtil l'ajustement indispensable ; sans doute, dans cette situation, l'attention s'est-elle relâchée jusqu'à faire prévaloir ma propre appréciation alors que ni la mère ni Winny (elle avait les moyens de montrer le biberon) n'avaient manifesté une quelconque demande.

Winny a 12 mois passés, elle se déplace maintenant à quatre pattes, ses activités d'exploration s'enrichissent. Elle observe avec intensité le fonctionnement des objets et leurs effets (instruments de musique). Elle met plusieurs semaines à décoller ses deux mains pour le « bravo » et jubile lorsqu'elle y parvient. Elle commence à porter sa cuillère remplie jusqu'à sa bouche en manifestant une grande satisfaction. Elle s'inscrit dans des jeux d'altérité (ballon). Winny est capable de reproduire des gestes « doux » envers un adulte même s'ils ne sont pas toujours maîtrisés. Les moments d'excitation (gestes brusques des bras, de la tête…) demeurent ainsi que les cris aigus à des moments de frustration ou de transition, également la confusion au niveau émotionnel : Winny peut manifester la joie des retrouvailles auprès d'un adulte en le tapant.

La troisième observation parle de douceur

Ce jour-là, arrivée dans la salle de visite, Mlle P. pose Winny au sol ; celle-ci se déplace à quatre pattes vers les jouets qu'elle regarde sans vraiment s'y intéresser, elle revient vers le centre de la pièce toujours à quatre pattes, s'assied, bat des bras, émet quelques sons « rudes », crache en direction de sa mère et repart (ce mode de faire est habituel chez Winny dans diverses situations). Elle reproduit la même chose trois fois, la mère demande : « Pourquoi elle fait ça ? Oh, ben t'es énervée aujourd'hui ! » Je dis : « On dirait que tu as très envie d'engager la conversation avec maman. » Winny me regarde et repart à quatre pattes. Sa mère se lève et la prend avec une certaine douceur, Winny est dos à elle, elle émet quelques sons et crachotements… Sans un mot, la mère installe sa fille à califourchon sur le rebord d'une piscine à balles qui s'amollit sous son poids, la mère se met dans la même position derrière sa fille.

Après avoir touché à plusieurs reprises une peluche qui est accrochée à l'angle, Winny se penche en arrière avec une certaine force jusqu'à atteindre la poitrine de sa mère qui « encaisse ». Winny reproduit deux ou trois fois ce mouvement avec de moins en moins de force, jusqu'à ce qu'il devienne un balancement dans lequel sa mère s'inscrit sans un mot – l'absence de parole est rarissime chez cette mère. De là où je me trouve (environ à trois ou quatre mètres), j'ai une impression de douceur. Les bras de la mère enveloppent complètement Winny dont je ne vois plus que le haut de la tête. En se détournant légèrement, la mère me dit à voix presque chuchotée : « Elle suce son pouce. » Je réponds : « Je pense que Winny se sent bien. » Cela dure encore quelques minutes sans un mot. Winny se redresse et cherche à regarder en arrière (dans ma direction) par-dessus le bras de sa mère qui dit : « Mais oui, Mme C. est là, tu peux être tranquille, t'es pas toute seule avec ta mère, c'est pas le bout du monde quand même ! » Winny reprend sa position appuyée contre sa mère. Les deux continuent à se balancer très doucement. Cela dure encore, toujours dans le silence.

Mlle P. se détourne légèrement vers moi pour dire : « C'est bien la première fois… qu'elle reste tranquille avec moi » et moi d'ajouter : « Vous êtes bien, là, toutes les deux, c'est doux pour Winny et pour vous. » Cette scène se prolonge encore ainsi dix minutes.

Plusieurs aspects sont à noter dans cette séquence : tout d'abord le comportement qu'adopte Winny au début a de quoi dérouter et la question de la mère est justifiée ; le fait de connaître cette manifestation de Winny dans son lieu de vie avec ses maternantes me permet d'être moins déroutée et de proposer une piste à la mère comme à l'enfant. C'est peut-être ce qui amène la mère à prendre sa fille dans les bras. Le moment d'harmonie qui suit est d'autant plus remarquable qu'il est unique et exceptionnel tant dans la qualité des ajustements corporels que dans le climat de sérénité qui l'accompagne. Dans la réponse que fait la mère au regard de sa fille, on peut supposer qu'elle parvient d'autant mieux à rassurer sa fille qu'elle reconnaît la part d'inquiétude qu'elle représente pour elle, elle-même étant rassurée par la présence de l'accompagnante.

Ce climat particulièrement sécurisant favorise peut-être chez la mère un certain contact avec des émotions habituellement mises à distance, et une capacité à supporter le silence au lieu des paroles discursives habituelles.

Winny a 15 mois : elle se met maintenant debout avec appui, s'intéresse aux jeux de contenants, expérimente les différentes formes, elle peut se concentrer de plus en plus sur des sensations et se laisser imprégner notamment par tout ce qui est musical. Ses goûts alimentaires s'enrichissent. Le langage verbal évolue peu, restent les cris très variés. Les décharges de tension demeurent difficilement prévisibles et deviennent plus fortes. Winny tape, crie, jette… Depuis peu, Winny amorce le geste de se taper la tête après avoir posé sa main sur sa joue ; il lui arrive aussi lorsqu'elle est au sol de poser le front contre le sol comme pour se heurter. Cela survient à des moments que les maternantes repèrent comme difficiles pour Winny : contrariétés, émotions…

La quatrième observation est d'une tonalité très opposée : un « certain mal-être »

Ce jour-là, Mlle P. arrive en colère, pas disponible, elle dit tout juste bonjour à sa fille sans la prendre dans les bras ; elle laisse la maternante poser Winny au sol. Celle-ci explore la pièce à quatre pattes, s'éloignant de sa mère ; elle alterne des moments où elle manipule des jeux et des moments où elle se met en colère pour une broutille, elle pleure par intermittence et, à deux reprises, elle pose sa tête contre le sol sans vraiment la heurter. Sa mère réagit fort : « Elle est folle ma fille, vous allez pas me dire que c'est normal ! » J'explique que Winny a aussi ces comportements dans le lieu de vie et on peut penser que c'est une manière pour elle d'exprimer ses émotions et qu'en cet instant précis il s'agit d'un certain mal-être. Elle raconte alors, avec une certaine rudesse dans le ton, que le père de Winny aussi est incapable d'exprimer ses émotions, il devient violent : « Elle fait comme son père. » Les pleurs de Winny persistent, elle déambule sans but précis. Mlle P. continue de parler avec de moins en moins de dureté, de sa relation avec le père de l'enfant. Elle pense dans un même mouvement que sa fille peut lui en vouloir comme elle en veut au père… Alors que Winny se dirige vers elle, elle la prend dans ses bras, cela ne calme pas vraiment Winny. Elle s'adresse alors à sa fille, comme rarement, pour lui expliquer que son père n'est pas gentil avec elle, qu'il la tape parfois. Winny s'arrête, regarde sa mère quelques instants, bat de son bras droit contre la poitrine de sa mère et continue de s'agiter en pleurant. Mlle P. dit que ça la met mal de voir Winny dans cet état. Je réponds : « Bien sûr et en même temps, c'est important que Winny exprime ainsi le mal-être qu'elle ressent. » Elle semble d'accord. Mlle P. essaie vraiment tous les ajustements corporels possibles, y compris en l'allongeant contre elle, mais Winny se débat et continue de pleurer. En se tournant vers moi, elle me tend les bras, la mère accompagne le geste. Je prends donc Winny et la tiens verticalement face à sa mère qui s'est assise sur le canapé. Winny se calme aussitôt, prend son pouce, appuie sa tête contre ma joue et conserve le visage tourné vers sa mère, la regardant intensément : « Oh, j'aime mieux la voir comme ça. » Winny soupire. Elles demeurent ainsi un moment à se regarder… Mlle P. évoque alors combien ce n'est pas facile d'être mère pour elle à qui « on » n'a pas appris, alors que le bien-être de sa fille dans mes bras lui suggère des impressions de facilité et d'aisance.

Quels mouvements successifs peut-on repérer, qui ont amené la mère comme la fille à passer d'un état d'indisponibilité, de tension, de mal-être au début de la visite à un état d'apaisement manifeste à la fin de celle-ci ?
– Lorsqu'elle dit : « Elle est folle ma fille, vous n'allez pas me dire… », il est possible de noter que la violence de la formule est immédiatement suivie d'une recherche de sens qu'elle m'adresse. Cette transformation de la projection est peut-être l'effet d'une certaine contenance ?
– le fait de signifier à la mère que les manifestations de mal-être de Winny existent aussi à d'autres moments dans son lieu de vie lui permet de ne pas se sentir directement en cause et soulage ainsi son éventuelle culpabilité ;

– c'est peut-être ce qui l'engage à évoquer pour la première fois le père de Winny ? Et ce n'est sans doute pas un hasard si juste après, elle peut supposer que sa fille « lui en veut » comme si tout à coup Winny devenait un sujet différencié d'elle ;
– c'est en tout cas à ce moment-là que Winny se rapproche de sa mère comme renouant un contact avec celle-ci même si elle continue d'exprimer un grand mal-être. Il est intéressant également de noter que les gestes brusques de Winny qui bat du bras contre la poitrine de sa mère ne sont pas reçus comme agressifs par elle ; elle accède cette fois à la détresse de son bébé et a ensuite des comportements adéquats et même ajustés, par exemple lorsqu'elle poursuit le mouvement initié par Winny qui tend les bras vers moi.

Tout ce qui se déroule là autorise sans doute Winny à me tendre les bras pour y trouver le réconfort dont elle a besoin. L'apaisement de Winny semble partagé par sa mère qui, loin de l'expression d'un sentiment de rivalité vis-à-vis de l'accompagnante, réalise comme un ajustement émotionnel avec les deux autres partenaires en présence. Ce moment d'accordage peut-il suggérer quelque chose du lien maternel et en ce sens participer à la construction de l'attachement ?

Ces quelques moments qui sont apparus significatifs durant les dix-sept mois de visites accompagnées amènent un certain nombre de remarques, pour tenter d'analyser les éléments en cause dans cet accompagnement.

Tentative d'analyse

Tout d'abord on peut penser que la *permanence du cadre* proposé aux rencontres entre Winny et sa mère a contribué à atténuer les discontinuités liées aux variations de l'état psychique de la mère, et peut-être même à soutenir l'investissement de Mlle P. auprès de sa fille. La présence d'un accompagnant dans le même lieu à chaque visite crée un lien, une continuité, un sentiment de sécurité qui favorisent la mise en place d'une relation de confiance entre les partenaires en présence. C'est sans doute ainsi que l'on peut comprendre l'émotion exprimée par Mlle P. à la fin du séjour de sa fille : « J'ai presque envie de pleurer », disant ainsi combien ces rencontres ont compté pour elle (au-delà des visites à Winny).

Le *positionnement de l'accompagnant*, tout autant que ce qui l'anime, apparaît comme un élément assez déterminant dans le dispositif mis en œuvre pour soutenir la relation entre Winny et sa mère. L'accompagnant acquiert très tôt confiance – au cours des toute premières rencontres – dans les capacités du bébé à entrer en relation avec sa mère et à prendre appui sur le tiers présent. De plus, la connaissance précise de la manière dont Winny évolue et se manifeste au quotidien dans son lieu de vie avec ses maternantes aide à différencier ce qui lui appartient de ce qu'elle adresse particulièrement à sa mère. Cela conduit d'ailleurs l'accompagnante à pouvoir partager avec la mère ses hésitations, ses doutes, ses interrogations, sa recherche du sens des conduites de sa petite fille ; elle se trouve alors davantage dans une position de moi auxiliaire que dans celle d'une rivale toute-puissante qui serait susceptible de mettre à mal toute capacité maternelle émergeante.

Le *parti pris de tenter d'ajuster les interventions* au plus près de ce qui est perçu comme nécessaire pour maintenir une sécurité peut permettre à certains moments de réaliser une alliance entre la mère et l'accompagnante, par exemple autour du nourrissage, rendant possible à Mlle P. de se sentir ajustée à son enfant et de peut-être en intérioriser quelque chose ? On saisit toute l'importance de cette attitude lorsqu'on se reporte au moment où l'accompagnante a une intervention intempestive (suggestion que Winny boive à la fin de son repas) et de l'effet négatif engendré. On constate comment une intention particulière de l'accompagnante (que Winny boive) sur ce qui se déroule peut induire des conséquences regrettables et l'on mesure la portée d'une attitude « ajustée » et respectueuse. D'une certaine manière ce qui est recherché par l'accompagnant serait de s'ajuster aux besoins de la dyade mère/bébé, tout comme la mère tend à le faire aux besoins de son bébé.

Le cadre résulte *de l'engagement de l'ensemble de l'institution* à travers les moyens mis à disposition ; il contribue à donner à l'accompagnant la légitimité et la sécurité qui lui permettent d'être ouvert, disponible, attentif à ce qui se vit, se ressent en sa présence. Le cadre joue également une fonction de tiers dans la relation entre l'accompagnant et la mère, atténuant vraisemblablement les effets de rivalité.

Si l'on regarde maintenant ce qui s'est passé pour la mère durant ces mois de rencontres, quels constats peut-on faire ? Celui d'une certaine évolution si l'on considère le passage qui s'opère progressivement de gestes brusques, voire violents (retrait du pouce), à l'acceptation du geste puis la mise en place d'une question sur le sens d'un comportement de sa fille avec même des ébauches de réponses aux questions qu'elle pose : « Elle est énervée. » Il est peut-être possible d'y voir un début de différenciation perçue entre sa fille et elle, avec même le début d'une représentation de sa fille (lorsqu'elle évoque le père de Winny). L'accompagnement réalisé fournit aussi l'occasion à la mère d'expérimenter ses capacités à donner des soins appropriés à sa fille – au moins à certains moments. On peut espérer que ces expériences positives, même si elles restent fragmentaires, rendent possible pour elle un éprouvé susceptible de produire des effets de consolidation de sa maternalité.

Bien des questions demeurent. Par exemple, la mère de Winny ne garde aucun souvenir, deux mois après, de ce moment si harmonieux de la visite dite « douceur ». Cela interroge sur ses capacités à « garder » des traces de ces bons moments passés avec sa fille. Contribuent-ils à l'étayage de sa fonction maternelle ? Cette absence de traces conscientes n'est-elle pas la manifestation de mécanismes de défense mis en place pour la protéger d'angoisse de séparation ?

La fonction de « mémoire de la dyade » est remplie de fait par l'accompagnant qui se trouve ainsi garant de la continuité… On mesure là l'extrême fragilité de cette relation mère-fille en ce qu'elle est très dépendante des conditions de l'environnement. Cela pose en conséquence la question du relais entre institutions. En effet, lorsque s'est profilé le départ de Winny en famille d'accueil, il s'est agi pour les différents intervenants de penser un dispositif qui puisse garantir au maximum la continuité dans les modalités de rencontres entre l'enfant et sa mère.

Du point de vue de Winny, on observe une certaine évolution de la relation à sa mère : elle est due aux capacités acquises au cours de son développement mais aussi à l'appui représenté par l'accompagnement des visites. On peut penser que les liens très réguliers (échanges entre les professionnelles, paroles adressées à l'enfant, juste après une visite plus difficile en présence de sa maternante) entre le vécu de Winny pendant les rencontres avec sa mère et son vécu avec ses maternantes ont pu contribuer à atténuer et peut-être même à éviter un vécu de morcellement pour cette petite fille.

D'autre part, que la mère s'appuie progressivement sur l'accompagnante puis sur elle et trouve elle-même des réponses à son questionnement est peut-être un signe de début de différenciation entre elle et son enfant, rendant en conséquence possible pour Winny le développement de son propre espace psychique.

Progressivement, tout au long des mois passés à la pouponnière, Winny acquiert une plus grande capacité à s'exprimer en présence de sa mère. D'une adaptation excessive (absence de réaction visible au retrait brusque du pouce) pendant les premiers mois, elle parvient à manifester davantage son ressenti : elle peut protester – même si c'est faiblement – et par la suite montrer son mal-être (lorsqu'elle continue de pleurer malgré les tentatives de consolation de sa mère) abandonnant en partie son attitude conforme.

La possibilité donnée à Winny et à sa mère de partager des moments au cours desquels celle-ci peut prodiguer des soins (bain, repas, promenade, jeux avec son bébé) a contribué à favoriser les conditions de la construction d'un lien entre la mère et la fille. En effet, comme le souligne A. Tardos dans son article sur le soin corporel, c'est « pendant le soin que se réalisent les premières interactions entre le bébé et sa mère… Le soin qui se répète plusieurs fois est une rencontre importante entre l'enfant et son parent au cours de laquelle se réalise un apprentissage mutuel, nourri par l'amour, par la sensibilité de la mère aux réponses de son bébé ». Ces expériences répétées au fil des mois, dans une certaine sécurité, ont-elles pu alimenter la construction des représentations que Winny se fait de sa mère ? Et si c'est le cas de quelle nature ?

La persistance chez l'enfant d'un mal-être exprimé aussi en présence de ses maternantes conduit à formuler plusieurs hypothèses quant à son origine. Est-ce l'effet de troubles de la relation de Winny à sa mère qui se répètent dans la relation à ses maternantes sans espace de jeu possible ? Est-ce l'effet de la pathologie maternelle sur le développement psychique du bébé, sous la forme de projections massives de la part de la mère d'une partie dépressive et autodestructrice sur son bébé ? C'est peut-être ainsi que l'on peut comprendre le sens des périodes pendant lesquelles Winny plus fortement « menacée » attaque en réponse les soins qui lui sont prodigués – gestes autoagressifs –, l'enfant s'identifiant à la partie autodestructrice et mortifère du psychisme maternel ? Peut-on considérer que ces modalités de rencontres ont permis de maintenir vivants les aspects positifs de la relation de Winny à sa mère, tout en la protégeant suffisamment des aspects négatifs de cette relation ? Non accompagnées, ces visites n'étaient pas exemptes de risques ? Peut-on dire que la sécurité dans sa vie quotidienne comme celle résultant de la présence de l'accompagnant lors de ces visites vécues parfois par Winny comme des épreuves ont garanti les conditions d'un environnement « suffisamment bon » pour reprendre l'expression de Winnicott ? Peut-on aller jusqu'à faire hypothèse que ces conditions d'accompagnement ont été plus favorables au développement de la personnalité de l'enfant qu'une absence de contact avec sa mère ?

Il est sans doute possible d'avancer que ces rencontres régulières avec sa mère si elles se poursuivent au-delà de la pouponnière rendront possible le travail sur les questions fondamentales de tout être humain… (D'où est-ce que je viens ? Qui est ma mère ? Qui est mon père ?) et lui permettront de se situer dans l'histoire intergénérationnelle qui est la sienne au lieu d'un « vide » avec des effets toujours dévastateurs.

En conclusion

Comment évaluer la pertinence du dispositif institutionnel qui, pendant dix-sept mois, a permis la continuité de l'accompagnement ? N'a-t-il pas contribué à maintenir l'investissement maternel de Mlle P. qui était loin d'être acquis du fait de sa personnalité ? Par ses effets de « contenant » n'a-t-il pas favorisé l'émergence des possibles, dans une situation relationnelle complexe ?

En même temps, il paraît légitime d'interroger le rythme de trois visites par semaine imposé par le juge des enfants : est-il trop soutenu au regard de la pathologie avérée de la mère, comme ont pu le penser certains membres de l'équipe des maternantes ? Est-il à la mesure des enjeux pour cette petite fille ? C'est-à-dire lui permettre de se construire en se constituant un *self* suffisamment solide, capable de résister « aux attaques » des projections massives de sa mère, tout en intégrant progressivement les dysfonctionnements maternels à travers ces moments vécus au fil des rencontres. Peut-on considérer que l'accompagnement proposé a pu contribuer, pour une part, à la construction des bases de sa personnalité ?

Cette pratique de l'accompagnement met en évidence « l'engagement » du professionnel et va à l'encontre d'une certaine idée de « neutralité » parfois mise en avant quand il s'agit de visites médiatisées.

En effet, l'accompagnant est impliqué dans le soutien au développement de l'enfant dans sa vie quotidienne. L'attention portée à l'enfant en dehors et aux moments des visites peut représenter un appui pour l'enfant et devient peut-être « intériorisable » par la mère ? L'attitude d'empathie de l'accompagnant s'appuie sur ce double mouvement de l'identification, tantôt à l'enfant et tantôt à la mère, et se manifeste par des interventions diversifiées. Ne pourrait-on pas, d'ailleurs, réserver le terme d'« accompagnement » aux modalités spécifiques de ces rencontres ?

Il s'agit en effet d'aborder la complexité des relations entre un enfant et son(ses) parent(s) dans l'ici et maintenant de leur rencontre, avec ce qui se noue, se joue entre eux dans cette situation. La spécificité de l'accompagnement réside sans doute dans le fait qu'il ne présuppose pas de démarche particulière des partenaires en présence, en dehors de leur rencontre même, et qu'en même temps des effets positifs voire thérapeutiques peuvent en résulter. Ne peut-on pas alors parler de « fonctions thérapeutiques de l'observation », en se référant à D. Houzel lorsqu'il évoque « l'accompagnement ? » Il précise que dans ce cas « le cadre de l'observation se déploie dans un espace psychique spatial et temporel où se rencontrent et s'entremêlent un bébé, ses parents et un tiers… Cet espace permet l'articulation de trois fonctions essentielles : la rêverie, la contenance et le corollaire de cette dernière, l'étayage ».

Toutes ces questions ouvrent un vaste champ de réflexion qui reste à explorer dans le domaine de la bientraitance des enfants qui vivent et grandissent en institution.

Bibliographie générale

APPELL, G. ; TARDOS, A. 1998. *Prendre soin d'un jeune enfant*, Toulouse, érès.

ATHANASSIOU, C. « Contributions de W.-R. Bion à l'observation de bébé en famille », *Devenir*, vol. 4, n° 2.

BEN SOUSSAN, P. (sous la direction de). 1996. *Parents et bébés séparés*, Paris, Syros.

BERGER, M. 1992. *Les séparations à buts thérapeutiques*, Paris, Dunod.

BOIGE, N. 2002. « Le pédiatre face à la souffrance psychique du bébé », dans P. Delion (sous la direction de), *La souffrance psychique du bébé*, Paris, ESF.

CHOKLER, M. 1988. *Les organisateurs du développement psychomoteur*, Buenos-Aires, Éditions Cinco.

CHOKLER, M. 2000. *L'engendrement de la subjectivité*, thèse de doctorat, décembre.

DAVID, M. ; APPELL, G. 1973. *Lóczy ou le maternage insolite*, Paris, Éditions CEMEA-Scarabée.

DAVID, M. ; TARDOS, A. 1991. « De la valeur de l'activité libre du bébé dans l'élaboration du self », *Devenir*, vol. 3, n° 4.

FORWARD, S. 2002. *Parents toxiques comment échapper à leur emprise*, Paris, Stock.

HAAG, G. « Prévenir les surhandicaps psychiques des handicaps, entre le déficit et le moi corporel », revue *Contraste*, n° 1, ANECAMSP.

HOUZEL, D. 1981. « Penser les bébés. Réflexion sur l'observation des nourrissons », *Revue de médecine psychosomatique*.

KARDOS, M. Th. 1985. « Retards d'organisation du raisonnement chez les enfants infirmes moteurs cérébraux à polyhandicaps et tentative de prise en charge », *Neuropsychiatrie de l'enfance*, 33, 1.

KORFF-SAUSSE, S. 1996. *Le miroir brisé. L'enfant handicapé, sa famille et le psychanalyste*, Paris, Calmann-Lévy.

KUKUCKA, N. ; APPEL, G. 1992. « L'observation de l'enfant en pouponnière », *Journal de la psychanalyse de l'enfant*, n° 12, *L'observation du bébé*, Paris, Bayard Éditions.

LACROIX, M.B. ; MONMAYRANT, M. (sous la direction de). 1995. *Les liens d'émerveillement. L'observation des nourrissons selon Esther Bick et ses applications*, Toulouse, érès.

LAMOUR, M. ; BARRACO, M. 1998. *Souffrances autour du berceau*, G. Morin Éditeur.

MELLIER, D. (sous la direction de). 2001. *Observer un bébé : un soin*, Toulouse, érès, coll. « Mille et un bébés ».

MELLIER, D. 2002. (sous la direction de B. Chouvier). *Médiation, temporalité et observation du bébé en psychanalyse et en clinique. Processus de médiation*, Paris, Dunod.

PIKLER, E. 1979. *Se mouvoir en liberté dès le premier âge*, Paris, PUF.

ROUSSILLON, R. 1991. *Paradoxes et situations limites de la psychanalyse*, Paris, PUF.

STERN, D. 2003. « Le processus de changement thérapeutique », dans A. Ciccone, Y. Gauthier, B. Golse, D. Stern, *Naissance et développement de la vie psychique*, Toulouse, érès, coll. « Mille et un bébés ».

SZANTO, A. 1980. *Développement moteur de la première enfance. Étude de quelques grands mouvements moteurs chez le nourrisson en fonction des lois de l'équilibre*, thèse de doctorat Paris VIII.

TARDOS, A. 2001. « L'observation du bébé dans l'approche d'Emmi Pikler », dans M. Dugnat (sous la direction de), *Observer un bébé avec attention ?*, Toulouse, érès.

VABRE, M. 1999. « À Lóczy se mouvoir destine l'infans à exister », revue *Thalassa-Budapest*.

WINNICOTT, D.-W. 1969. *De la pédiatrie à la psychanalyse*, PBP.

WINNICOTT, D.-W. 1983. *Processus de maturation chez l'enfant*, PBP.

WINNICOTT, D.-W. *Conseils aux parents*, Paris, Bibliothèque scientifique Payot.

Table des matières

Achevé d'imprimer en France par Présence Graphique
2 rue de la Pinsonnière - 37260 Monts
N° d'imprimeur : 050827662

Dépôt légal : mai 2008